EL NIÑO
QUE
ALCANZÓ
LAS
ESTRELLAS

EL NIÑO QUE ALCANZÓ LAS ESTRELLAS

ELIO MORILLO

CON CECILIA MOLINARI

HarperCollins *Español*

Los libros de HarperCollins Español pueden ser adquiridos con fines educativos, empresariales o promocionales. Para más información, envíe un correo electrónico a SPsales@harpercollins.com.

Título original: *The Boy Who Reached for the Stars*
Publicado en inglés por HarperOne en los Estados Unidos de América en 2023

PRIMERA EDICIÓN EN ESPAÑOL

Traducción: Cecilia Molinari

Diseño: Yvonne Chan

Ilustraciones:
Separador de texto (galaxia) © CulombioArt/Shutterstock
Fondo decorativo para capitulares © Zakharchuk/Shutterstock
Pág. iii © pixelparticle/Shutterstock
Págs. 5, 66, 97, 151, 226 © Akito Studio/Shutterstock
Págs. 18, 107, 235 © kosmofish/Shutterstock
Pág. 34 © davooda/Shutterstock
Pág. 53 © Nadiinko/Shutterstock
Pág. 81 © iStar Design/Shutterstock
Pág. 125 © Skeleton Icon/Shutterstock
Págs. 143, 183 © Rvector/Shutterstock
Pág. 165 © filborg/Shutterstock
Pág. 206 © IconKitty/Shutterstock

Este libro ha sido debidamente catalogado en la Biblioteca del Congreso de los Estados Unidos.

ISBN 978-0-06-321435-4

23 24 25 26 27 LBC 5 4 3 2 1

HB 09.19.2023 0327

A mi mamá, por su amor incondicional...
a través de las dificultades hacia las estrellas.

CONTENIDO

INTRODUCCIÓN

La primera vez que me traicionó la gravedad tenía tres años. Cuando el reloj de pared de la escuelita marcó las diez de la mañana, caminé con entusiasmo directo a la resbaladera plateada del patio de recreo. Agarré la barandilla y subí sin miedo los peldaños de la escalera. En lo alto de la plataforma, le di la espalda al tentador tobogán que me habría llevado a salvo al suelo y, en su lugar, encaré el aire libre, me preparé para emprender mi vuelo inaugural y salté. Disfruté de una gloriosa fracción de segundo suspendido en el cálido aire ecuatoriano antes de caer, como era de esperar, de boca contra la tierra. La sangre brotó a borbotones de la nueva herida en mi barbilla y, en un abrir y cerrar de ojos, la maestra de mi escuelita me colocó en el asiento trasero de su carro y nos dirigimos a toda velocidad hacia el hospital de Guayaquil. En la sala de urgencias me acostaron en una camilla y me llevaron a una sala cercana. Un médico apareció de la nada y me cubrió la cara antes de empezar el tedioso y arduo trabajo de limpiar y suturar la herida de un niño de tres años que creía que podía volar.

Ese día ganó la gravedad. Para cuando me convertí en ingeniero de pruebas y operaciones de sistema del Laboratorio de Propulsión a Chorro (Jet Propulsion Laboratory, o JPL) de la NASA, la gravedad también había ganado varias veces más. Ganó en Ecuador cuando la economía se hundía, durante la relación tóxica de mi mamá y mi papá; ganó en Nueva York cuando la barrera del idioma y la adversidad económica de nuestra familia parecían insuperables, y ganó el día en que mi consejero escolar cambió mis A por B para que mis logros como estudiante inmigrante parecieran más «creíbles». Pero cada vez que ganaba la gravedad también fui testigo de la valentía de mi mamá para levantarse y seguir adelante, pues la gravedad no solo nos mantiene en la tierra, sino que también puede arraigarnos y darnos forma: es el peso del ser. Por el camino, mi mamá y yo encontramos consuelo en nuestra familia y en la amabilidad de los desconocidos; con el tiempo, canalicé la valentía de mi mamá en mi incansable búsqueda de una educación que evitara que nos convirtiéramos en una estadística más de familias inmigrantes. A medida que fui creciendo, me topé con mentores galvánicos que me abrieron los ojos a las realidades de la exploración espacial, pero fue mi mamá quien me inculcó resiliencia y perseverancia, y quien me afinca en la fortaleza mental que me ha permitido llegar a donde estoy hoy.

Pasé de ser un niñito que creía que podía volar, a un niño inmigrante que soñaba despierto con tener sus propios traje y nave espaciales, a un adolescente que se puso las pilas y alcanzó las estrellas y, por último, a un hombre que es ingeniero mecánico conocido cariñosamente como «*the space mechanic*» (el mecánico del espacio). He trabajado en equipos que han surcado el espacio y ahora se encuentran en Marte con la intención de ayudarnos a comprender si alguna vez pudo haber vida en otro planeta que no sea la Tierra. El viaje no ha estado exento de sacrificios y dificultades, como alcanzar asombrosos hitos profesionales a mis veintitantos años y, dentro del mismo periodo de tiempo, caer en picada hacia una zona de profundo agotamiento por no reconocer cuándo parar, respirar y hacer lugar en la inmensidad del espacio para la inmensidad de mí mismo. La buena noticia es que no solo estoy comenzando, sino que, de alguna manera, es como si todos acabáramos de empezar.

Aún queda mucho por hacer para ampliar el acceso de la humanidad al espacio y estoy encantado de formar parte de la exploración. Trabajar en la misión Marte 2020 me ha permitido aportar un granito de arena para ayudar a nuestra civilización a comprender nuestro lugar en el universo. ¿Cómo fuimos hechos? ¿Cuándo fuimos hechos? ¿Por qué fuimos hechos? ¿Estamos solos? Estas son las preguntas que me inspiran a superar los límites del espacio, de la tecnología y de mí mismo. A pesar de los conflictos, las catástrofes y el interminable ciclo de noticias negativas que experimentamos a diario, sé que un día podremos mirar atrás a este periodo de la historia y decir: «Ese fue el momento en que comenzamos todo; ese fue el momento en que comenzamos a aventurarnos hacia las estrellas».

Independientemente de si tu expedición más allá de estas

páginas te lleva a Marte, a las profundidades de ti mismo o a cualquier lugar intermedio o más lejos, espero que mi historia te inspire a lanzarte a los espacios que nunca has explorado, para que juntos podamos crear un futuro mejor para la humanidad, nuestro planeta y este vasto universo en el que desempeñamos un papel pequeño pero muy poderoso.

Per aspera ad astra.
A través de las dificultades hacia las estrellas.

CAPÍTULO 1

PLATAFORMA DE LANZAMIENTO
De Ecuador a lo desconocido

Me quedé boquiabierto cuando vi por primera vez los enormes camiones que rugían por la obra colosal y las imponentes excavadoras amarillas que transportaban gigantescas pilas de tierra arenosa de una zanja a un cúmulo alto como una montaña. De pie junto a mi papá, apenas podía distinguir su voz entre la cacofonía de sonidos procedentes de estos monstruos metálicos. Mientras el sol nos calcinaba desde el amplio cielo azul adornado por nubes moteadas, mis ojos de niño de tres años se enfocaron en cada máquina: era como si estuviera viendo mi propia versión de *Transformers* en vivo y en directo. Observé con atención cada uno de sus movimientos, intentando descifrar qué hacía girar aquellas enormes ruedas, qué hacía retumbar los motores, cómo el hombre que conducía la excavadora ordenaba a la cuchilla que se levantara. Me enganché; a partir de ese día, toda máquina que tuviera un motor —camiones, carros, aviones, trenes, cohetes— me resultaba fascinante.

Cada vez que me regalaban un juguete, quería entender cómo funcionaba: evaluaba con cuidado las piezas, desatornillaba y quitaba cualquier cosa que me impidiera ver la imagen completa de su ingeniería. A veces, la forma más rápida de aprender cómo funciona algo es hacer que no funcione. Una vez, un Transformer, cuyas piezas estaban demasiado ajustadas, me frustró tanto que lo tiré por la ventana de un segundo piso para que se rompiera y así poder averiguar cómo funcionaba su grúa. Bajé corriendo al patio delantero y encontré a mi mamá de pie junto a los fragmentos esparcidos: «Muchacho de mierda», me dijo con ese tono medio regañón que le salía cada vez que yo hacía una de mis artimañas a lo Daniel el Travieso. La miré y le respondí con una carcajada rebelde. Me encantaba desafiar a los adultos de la misma forma en que había intentado desafiar la gravedad y volar. El problema era que aquel juguete no era mío, y cuando ni yo ni mami fuimos capaces de arreglarlo, tuvo que comprar uno nuevo para que pudiéramos devolvérselo entero a mi vecino. Aquel Transformer fue una de las primeras cosas que me hicieron tomar conciencia de que las acciones tienen consecuencias y de que debemos corregir nuestros errores y aprender de ellos: esto es así para los juguetes, las máquinas, los cohetes y, en especial, para los humanos.

No tengo muchos recuerdos con mis papás juntos, pero recuerdo vivamente un viaje que hicimos los tres a Riobamba, para visitar el apartamento nuevo de un amigo de ellos. Esta ciudad, también llamada la Sultana del Valle, está rodeada por varios volcanes, entre ellos el Tungurahua y el Chimborazo —también conocido como la montaña más alta de Ecuador— y está enclavada en el valle del río Chambo, en los Andes. El viaje de Guayaquil a Riobamba en aquel entonces duraba entre ocho y diez horas, dependiendo de si había derrumbes de las montañas. Aunque técnicamente se llamaba carretera, en realidad era una ruta estrecha de doble vía que serpenteaba por la neblinosa montaña y a veces se fusionaba en un solo carril, por lo que teníamos que turnarnos para dejar pasar el tráfico en sentido contrario antes de poder continuar. El camino era peligroso, con poca visibilidad de día y sin postes de luz que lo iluminaran por la noche, por lo que era mejor viajar cuando el sol aún se encontraba en lo alto del cielo.

Mi papá conocía aquella carretera como la palma de su mano, pero mi mamá de todas formas se retorcía en el asiento cada vez que él pisaba el acelerador: «Baja la velocidad», le suplicaba con voz suave mientras pisaba con fuerza un freno invisible bajo su pie, muriéndose de miedo cada vez que él se acercaba demasiado al borde de la carretera. En lugar de pelear, él se reía de su reacción y pisaba el acelerador para burlarse de ella por ser una copiloto tan controladora. Mientras tanto, yo me limitaba a mirar por la ventanilla la impresionante montaña con su bosque cubierto de nubes asomándose a un lado de la camioneta y el empinado y amenazador precipicio al otro. Era como estar viviendo en una de mis historias inventadas de los Power Rangers. Podía ver cómo los Zords se materializaban desde más allá de los acantilados, corrían a toda velocidad por las copas de los árboles y saltaban al aire, listos para unirse y transformarse en un Megazord, un robot humanoide de batalla que nos protegería de todo mal.

Mami no había planeado tener un segundo hijo a los cuarenta y un años, pero el 30 de abril de 1993 —diecisiete años después de su primogénito, mi hermano Xavier—, nací yo, un embarazo accidental seguido de un parto complicado que casi la mata. El primer matrimonio de mami duró aproximadamente un año. Poco después de nacer Xavier, en 1976, la pareja se separó, pero ella tardó nueve años en divorciarse porque él no quería pagar la manutención; durante casi toda la infancia de Xavier fue mamá soltera.

En 1979, en la fiesta de quince de la hija de un amigo, conoció a mi papá. Mami entró a la sala con el pelo castaño recogido en un clásico peinado *bouffant*, un vestido recatado por debajo de la rodilla que realzaba su figura menuda y joyas discretas pero elegantes que remataban su *look*. Los ojos verdes de mi papá se fijaron de inmediato en esta nueva presencia.

Vestido de punta en blanco con camisa abotonada, pantalones oscuros, traje de chaqueta y sus inconfundibles cadenas de oro adornándole el cuello y las muñecas, este hombre alto de bigote y pelo corto y oscuro cruzó la sala y se dirigió hacia ella. Al llegar a su lado, con su fanfarronería a flor de piel y su encanto imponente, se presentó y entablaron una conversación. Mami asintió y sonrió, y cuando él le dijo que necesitaba ayuda para manejar su negocio, ella le ofreció ponerlo en contacto con el superintendente de Guayaquil, ya que su papá era político y miembro del ayuntamiento. Lo que empezó como una amistad poco a poco se fue convirtiendo en una relación romántica. Llevaban un buen ritmo como pareja hasta que, a los dos años de estar juntos, él se casó con otra mujer sin decírselo... el primero de muchos encontronazos en su tiempo juntos. Dolida y engañada, de inmediato terminó esa relación.

Sin embargo, gracias a su encanto, sentido del humor y perseverancia, mi papá consiguió colarse de nuevo en la vida de mi mamá y, con sus promesas vacías de «me portaré mejor», «seré mejor» y «no la amo como te amo a ti», logró convencerla de que se volvieran a emparejar a pesar de que ahora él estaba casado con otra mujer. Mami estaba tan ocupada con su carrera y criando a Xavier como mamá soltera que no tuvo tiempo de leer entre líneas ni de cuestionar la autenticidad de mi papá, así que decidió hacer oídos sordos y darle otra oportunidad para que demostrara su valía. Mi papá es el típico macho latino encantador, gregario y coqueto: allá donde va, es el alma de la fiesta, querido por todos; y como el estereotipo del macho latino, tenía varias aventuras amorosas en curso. Cuando llegué a este mundo, me convertí en uno de los ocho hijos de cuatro relaciones diferentes. Aunque tengo muchos medios hermanos, no recuerdo haber pasado rato con ninguno de ellos —seguramente porque eran entre quince y veinte años mayores que yo—, excepto con mi medio hermano Andrés, que había nacido solo tres meses despues que yo. Como estábamos tan cerca en edad, mi papá solía recogernos y llevarnos a muchas excursiones juntos, como ir a una playa cercana a jugar y refrescarnos en el agua. En una de esas salidas, levanté la vista de la estructura que estaba construyendo en la arena, miré el océano y pensé: «¡Son las olas más grandes del universo!». Cuando chocaban con los granos de arena oscura de la orilla, era como si el agua tuviera venas; esa imagen quedaría grabada por siempre en mi mente como la primera vez que me di cuenta de lo poderosas que son las fuerzas de la naturaleza. Al contemplar aquel océano aparentemente interminable, tomé conciencia de la magnitud de la Tierra. Fue el comienzo de mi fascinación por la naturaleza y el espacio, que años más tarde me llevaría a una aventura inimaginable explorando mundos más allá de nuestro planeta.

De niño, tampoco llegué a conocer a fondo al resto de mi familia paterna. La mamá de mi papá vivía en Galápagos, a dos horas de vuelo de Guayaquil. Él la visitaba a menudo, así que recuerdo haber sentido su presencia a través de la comida que nos enviaba con él; como manejaba una granja, siempre recibíamos cajas de huevos, pollos, queso fresco y, a veces, incluso un cajón de dos metros con estantes llenos de cangrejos frescos que mi papá compartía con nuestra familia. Le encantaba invitar a todo el mundo a una barbacoa: cocinaba los cangrejos y algo de carne, y tenía preparado chimichurri casero para darle a todo un toque extra de sabor. Sé por cuentos que mi abuela vino algunas veces, y recuerdo que me llamaba Elito, pero eso es todo. De niño me decían que me parecía mucho a ella, desde mi pelo negro hasta mis pobladas cejas, algo que comprobé de primera mano cuando volví a verla dieciséis años después.

Por otro lado, conocía bien a la familia de mi mamá. Con mi nacimiento, mami se encontró de repente haciendo malabares con un recién nacido y con una exigente carrera como directora de una de las escuelas primarias más grandes de Guayaquil. Había ascendido a ese puesto después de enseñar durante más de veinte años en otras dos escuelas. Fue entonces cuando mi bisabuela —o, como yo la llamaba, abuelita— se puso manos a la obra para ayudar a mi mamá. Se mudó con nosotros y empezó a cuidarme mientras mi mamá se ocupaba de su carrera, que, como autodenominada adicta al trabajo, no tenía horarios.

Mi abuelita, que entonces tenía unos setenta años, parecía una abuela de dibujos animados con su pelo blanco, corto y ondulado, sus ojos verdosos enmarcados por grandes gafas de los años setenta y una bata ceñida a su menuda figura. También estaba Vicky, nuestra querida empleada doméstica que cocinaba y limpiaba, algo típico en las familias de nivel socioeconómico medio-alto de América Latina. Vicky se convirtió en una fuente de apoyo aún mayor para mi abuelita cuando aprendí a gatear y empecé a zigzaguear a toda velocidad por la casa, ansioso por explorar cada rincón de terreno por descubrir.

Todos los días de la semana, mi abuelita me sentaba frente al televisor a la hora del almuerzo con un plato de comida. Recuerdo con claridad estar viendo *Los Picapiedra* y comiendo un plato típico ecuatoriano llamado seco, un guiso de pollo con arroz. (Cuenta la leyenda que el nombre proviene de los empleados de la compañía petrolera británica acampados en Santa Elena a principios del siglo XX, que no paraban de pedir que les sirvieran una segunda porción, que en inglés se dice «*seconds*»). Fue entonces cuando probablemente empecé a pensar que podía volar como Batman y Superman, mis venerados superhéroes de la pantalla. Como no había otros niños pequeños en casa, esos dibujos animados y la compañía de mi abuelita fueron mi único entretenimiento hasta que di mis primeros pasos.

En cuanto cumplí dos años, mi mamá empezó a dejarme en una escuelita que dirigía una de sus amigas, escenario de mi fallido intento de vuelo. Extrovertido y curioso, enseguida me hice amigo de los otros niños y pasamos los días jugando, aprendiendo a nadar y a escribir nuestros nombres. Allí también empezó a aflorar mi lado descarado y desafiante. Una vez, para un acto escolar que celebraba las fiestas octubrinas de Guayaquil, nos vistieron a mis compañeritos y a mí con los colores azul claro y blanco de la ciudad, y a cada uno nos dieron un globo atado a un palo largo y delgado como accesorio para la actuación. En cuanto subimos al escenario para cantar nuestra canción de celebración de la ciudad, agarré el extremo puntiagudo de mi palo y empecé a reventar los globos de los demás niños. Los profesores se abalanzaron para detenerme, mientras el público se echaba a reír y yo resplandecía por toda la atención.

Durante aquellos primeros años me resguardaron de los problemas de nuestra familia. Como mi papá era el hijo mayor, había heredado los hoteles y otras propiedades de su papá, mi tocayo, cuando murió en los años setenta. Todo parecía ir bien hasta que mami se dio cuenta de que las visitas ocasionales de mi papá al casino empezaron a ser más frecuentes. Las finanzas de ambos nunca estuvieron ligadas: él hacía con su dinero lo que le daba la gana y ella seguía siendo independiente a nivel económico ya que ganaba su propio sueldo y tenía sus ahorros; sin embargo, mi mamá no podía evitar preocuparse por él al ver cómo su herencia se le escapaba poco a poco de las manos. Recuerdo vagamente una vez que papá me llevó a uno de los hoteles situados en el centro de Guayaquil, pero lo único que me viene a la memoria son instrumentos musicales esparcidos por la oficina y una Super Nintendo que le rogué que me conectara para yo jugar mientras él trabajaba; nunca la conectó, y desde entonces no volví a ver ningún otro hotel o propiedad de la familia, porque mi papá se los jugó todos. Al poco tiempo, hasta su negocio de construcción se fue por el desagüe de las apuestas.

Como si su problema con el juego no hubiera sido suficientemente inquietante, mi mamá también se enteró por unos amigos de que andaba por la ciudad con una nueva mujer. Aunque decía que mami era el amor de su vida, seguía engañándola; supongo que, como dice el refrán, el zorro pierde el pelo pero no las mañas.

Mientras estos acontecimientos se desarrollaban en el país, Ecuador vivía lo que se convirtió en su mayor crisis política y económica de finales de la década de 1990. Cuatro presidentes tomaron posesión de sus cargos en cuatro años, empezando por Abdalá Bucaram en 1996, apodado «el Loco» por su comportamiento errático. En los primeros seis meses de su mandato, el Congreso Nacional lo declaró incapaz de gobernar y lo

13

destituyó en febrero de 1997, justo en la cúspide de una crisis bancaria que conduciría a una economía fuera de control. Estos acontecimientos aumentaron el desasosiego de mi mamá respecto a nuestro futuro y no tardó en plantearse la posibilidad de abandonar el país.

Los papás de mami se habían mudado a Nueva York unos años antes para vivir con su otra hija, mi tía Pilar, que había solicitado la residencia para mis abuelos; eso significaba que, si nos mudábamos allí, seguiríamos cerca de nuestra familia. Pero cuando mami les comentó a sus amigos y colegas la idea de irse, pensaron que había perdido la cabeza. «Vas a tener que empezar de cero. Ni siquiera hablas el idioma. No te vayas», le imploraban. Mami tenía una amplia red de amigos, una vida social activa y una carrera en el mundo de la educación que le había costado mucho desarrollar a lo largo de los años. Hasta donde ellos sabían, ella estaba bien parada. En retrospectiva, entiendo la incredulidad de sus colegas: llevábamos una vida de clase media en una pequeña casa alquilada en un barrio relativamente seguro. ¿Por qué dejarlo todo atrás?

Lo que nadie sabía era que, aparte de los factores políticos y económicos del país que influyeron en su decisión, ella necesitaba alejarse de mi papá a toda costa. Para mami, una mudanza era la única forma de por fin terminar con esa relación. Por mucho que lo amara, en el fondo sabía que tenían una relación tóxica que probablemente nos haría a ella y a mí más mal que bien. Por fuera, las cosas parecían ir sobre ruedas, pero mami era la directora de operaciones de vuelo dentro del centro de control de la misión y sabía que era solo cuestión de tiempo antes de que todo implosionara. Las emociones estaban a flor de piel y se vislumbraba que la cosa iba a empeorar; este era su momento de ahora o nunca, y optó por el ahora.

Nuestra historia no es muy diferente de la de muchos otros inmigrantes que han tenido que enfrentarse a sus propios momentos de «ahora o nunca», a menudo en circunstancias mucho más terribles que las nuestras. Nosotros no tuvimos que atravesar varios países para cruzar la frontera de Estados Unidos y solicitar asilo. Para muchos, sin embargo, poner en peligro sus vidas en un viaje a un lugar que puede proporcionar seguridad, estabilidad y oportunidades es una opción mucho mejor que tener que permanecer en sus ciudades de origen y enfrentarse a la crisis económica, la violencia e incluso la muerte.

Cuando una nave espacial es lanzada desde la Tierra, su velocidad de avance combinada con la fuerza de gravedad terrestre hace que se desplace por una trayectoria curva. Al acercarse a Marte, la gravedad del planeta rojo también afecta la trayectoria de la nave. El proceso es similar al de un mediocampista que lanza un balón a un receptor: el *quarterback* lanza el balón hacia el campo del receptor, aprovechando su velocidad y dirección hacia un objetivo; el delantero corre en la misma dirección que el balón, con el objetivo de alinear perfectamente sus pies con el balón en el lugar correcto para efectuar la recepción. En un pase bien ejecutado, la velocidad y la dirección del delantero lo llevarán al lugar exacto donde podrá recibir el pase; eso es lo que ocurre cuando lanzamos una nave espacial a Marte. Con los cohetes actuales, solo hay una ventana de un mes para lanzarlos al planeta rojo. La diferencia de órbitas elípticas, así como los planos orbitales ligeramente desalineados, hacen que Marte y la Tierra se acerquen aproximadamente cada veintiséis meses. Eso significa que la ventana de un mes para lanzar y lograr una entrada precisa al planeta, teniendo en cuenta los límites de masa y los requisitos de aterrizaje, se produce cada veintiséis meses. En la NASA teníamos previsto lanzar nuestra misión Marte 2020 el 17 de julio de 2020, pero la fecha se retrasó hasta el 30 de julio, el último día de nuestro plazo. No había más margen después de eso. Si no llegábamos a esa fecha, nuestra misión Marte 2020 habría tenido que esperar hasta 2022.

Ensayo y error, sacrificio y una pizca de rebeldía: eso es lo que hace falta para llegar a un lugar como Marte; y eso es lo que necesitó mami para tomar la decisión que cambiaría el curso de nuestras vidas. En uno de nuestros álbumes familiares hay una foto de mi mamá vestida de traje, erguida frente al Colegio Alemán Humboldt de Guayaquil, del que era directora, con una expresión en el rostro que vería a lo largo de mi vida: es su mirada feroz de «conmigo no se juega», la que aparece cuando está decidida a lograr algo, la misma que veía apoderarse de ella cada vez que enfrentábamos obstáculos imprevistos. Mi papá, molesto y sin creérselo del todo, le decía: «¿Por qué te despides de todos? Sabes que volverás llorando dentro de tres meses». Incluso el director de la escuela pensó que regresaría, por lo que decidió mantener su puesto durante un año por si cambiaba de opinión.

Aunque fue una de las decisiones más difíciles que mi mamá tuvo que tomar en su vida, ella sabía que a veces la única manera de arreglar un asunto inviable es volver a empezar y construir algo nuevo. La ventana de lanzamiento ya se había fijado y era impensable no cumplirla.

CAPÍTULO 2

SELECCIÓN DE LA PISTA DE ATERRIZAJE

Nueva York

La primera vez que ascendí al amplio cielo azul fue en el verano de 1997 cuando mami y yo dejamos Guayaquil para siempre y nos mudamos a Nueva York. Ojalá pudiera decir que quedé totalmente cautivado por el zumbido de los motores mientras el morro del avión se elevaba hacia las estrellas o por las extensas cadenas montañosas y las parcelas y edificios que había en la tierra, pero lo único que recuerdo es la lasaña caliente y el bizcocho mullido en mi bandeja y la bolsa de LEGO desparejados que mami había agregado en su bolsa para que no me metiera en líos durante las siete horas de viaje. Pasé buena parte del vuelo concentrado en construir los cimientos y la estructura de una casa, quizás una expresión subconsciente de la primera mudanza intrépida de mi vida.

Aquel aterrizaje inicial en Nueva York no supuso realmente un cambio sísmico en mi mundo de niño de cuatro años. La familia de mami nos recibió con efusivos besos y abrazos y nos condujo a través de Brooklyn directo a nuestro nuevo barrio, Bay Ridge, pasando por alto los rascacielos de Manhattan y cualquier indicio de que acabábamos de entrar en una de las ciudades más prominentes del mundo. Cuando llegamos al compacto edificio de apartamentos de cuatro pisos situado a pocos pasos de una de las avenidas principales, subimos dos tramos de escaleras y entramos en un pequeño apartamento de tres habitaciones, donde vivían mi tía Pilar, su marido Eli y sus dos hijas. Mis abuelos también vivían con tía Pilar y Eli desde hacía unos años, por lo que, cuando llegamos nosotros, ya todas las habitaciones estaban ocupadas. Sin embargo, tía Pilar nos cedió la sala de estar y el sofá-cama para que durmiéramos ahí. Era un hogar estrecho para tantas personas, pero nos las arreglamos. Tía Pilar fue la primera de la familia de mi mamá que se buscó la vida en esta ciudad. Había llegado con poco más de veinte años, sin conocer a nadie ni saber un ápice de inglés, huyendo de una mala relación, en busca del «sueño americano». Al principio trabajó en una fábrica, pero cuando mejoró su inglés, consiguió un trabajo de oficina y, cuando llegamos en 1997, era recepcionista en el consultorio de un médico. Habiendo establecido aquí una nueva vida y familia con su marido y dos hijas, su vieja familia ahora le seguía los pasos.

Antes de venir a Estados Unidos, mi abuelo había sido político —un concejal de Guayaquil— y mi abuela había trabajado como proveedora de *catering*. En Estados Unidos, mi tía les consiguió trabajo a ambos haciendo la limpieza de las oficinas en el consultorio médico que la empleaba. Mi mamá —que, a pesar de ser licenciada universitaria y exdirectora de escuela, no tenía conocimientos de inglés que avalaran su experiencia— consiguió un trabajo en una línea de ensamblaje de una fábrica de joyas. Poco después, encontró un segundo puesto como empaquetadora de comida en el aeropuerto JFK, y también empezó a limpiar oficinas con mis abuelos para llegar a fin de mes.

Con sus tres trabajos, mi mamá y yo nos veíamos muy poco durante la semana, pero nunca faltaba a la cena en casa. Con tan solo cuatro años, yo estaba absorto en lo que me rodeaba y en la atención que recibía de mis abuelos, por lo que no recuerdo haber sentido su ausencia durante el día. Me sentía seguro con ellos. Mi abuelo me llevaba a pasear por el barrio y, a la salida del colegio, recogíamos a mis primos y volvíamos al apartamento. Cuando abríamos la puerta, encontrábamos a mi abuela esperándonos con una deliciosa merienda. Nos observaba en silencio mientras comíamos y jugábamos, y sus ojos verdes se arrugaban a los lados cada vez que sonreía. Cuando nuestros platos se vaciaban, nos animaba a comer más o simplemente a hablar de nuestro día. Mientras tanto, aunque mi abuelo tenía una presencia imponente y parecía un viejito estricto y algo gruñón en ese entonces —no tenía pelos en la lengua cuando no estaba de acuerdo con lo que se decía; creo que eso lo heredé de él—, también podía resultar encantador con sus bromas y su sonrisa traviesa.

Observar a mis abuelos a lo largo de mi vida ha sido como

ver el paradigma de lo que puede ser el amor. Mi mamá, la mayor de seis hermanos, recuerda cómo su papá se ocupaba de ellos cada vez que su mamá iba al hospital a dar a luz. Les daba de comer y los bañaba antes de irse a trabajar, siempre dispuesto a echarle una mano a mi abuela. Incluso ahora, a sus noventa y cinco años, mi abuelo sigue cuidando a mi abuela. A menudo lo sorprendo preguntándole: «¿Cómo te encuentras? ¿Necesitas algo? ¿Qué puedo traerte?». A mi abuela le molestan todas esas preguntas y lo ahuyenta, pero unos minutos después, ella se da vuelta y se asegura de que él tenga un plato de comida o algo de beber y lo cuida de la misma manera.

Cuando mi mamá sufrió algunas complicaciones y casi muere durante mi parto, mi abuela se subió a un avión en Nueva York y voló directo a Guayaquil para estar a su lado; mi abuelo tuvo que quedarse trabajando. Después de pasar dos semanas separados, la echaba tanto de menos que le pidió que volviera de inmediato. La fecha estaba fijada, el pasaje comprado, pero la erupción de un volcán suspendió todos los vuelos ese día. Mi abuelo se desesperó tanto, pensando que ella no podría volver, que le dijo a mi tía Pilar: «Voy a saltar del puente de Brooklyn si no regresa a mi lado». Ese breve tiempo de separación casi lo arrojó fuera de su órbita y hacia un agujero negro de desesperación.

Una órbita es la trayectoria repetida de un objeto en el espacio con respecto a otro. Un objeto con una órbita se denomina satélite, ya sea natural como nuestra Luna o artificial como la Estación Espacial Internacional. Según la NASA, hay planetas, cometas, asteroides y otros objetos en nuestro sistema solar que orbitan alrededor del Sol a lo largo o cerca de una superficie plana imaginaria llamada «plano eclíptico». Casi todas las órbitas siguen una trayectoria ovalada —una trayectoria elíptica—, pero algunas órbitas pueden ser casi circulares, como la de los planetas alrededor del Sol.

La órbita terrestre baja (LEO, por sus siglas en inglés) es cualquier órbita alrededor de la Tierra que se encuentra entre 150 y 2000 kilómetros de su superficie. Para que los objetos permanezcan en órbita alrededor de la Tierra, deben alcanzar una velocidad horizontal suficiente para crear el impulso necesario para superar la fuerza de gravedad terrestre. En la LEO, esta velocidad suele superar los 27 000 kilómetros por hora, pero a medida que un objeto se desplaza hacia planos orbitales más lejanos, más allá de la LEO, su velocidad es menor. Los cohetes deben alcanzar estas velocidades para inyectar los satélites en sus órbitas de operación. Sin embargo, incluso después de una correcta inyección orbital, los satélites en la LEO sufren una caída constante (pierden altura) y a veces deben corregir su trayectoria debido al deterioro orbital. Algunos satélites, utilizados en general para infraestructuras de comunicaciones y observaciones meteorológicas, operan en una órbita geocéntrica a unos 37 000 kilómetros de la superficie de la Tierra, que coincide con la velocidad de rotación de nuestro planeta, por lo que, para un observador en la Tierra, parecen estáticos en el cielo. Por lo general, los sistemas de satélites se diseñan pensando en una vida operativa de veinticinco años, lo que significa que, transcurrido ese tiempo, terminan por caer hacia la Tierra y se queman en la atmósfera. Esto podría cambiar en el futuro a medida que las tecnologías, como el reabastecimiento de combustible en el espacio, sigan aumentando la vida útil de las órbitas.

Mi abuela es la Luna para la Tierra de mi abuelo; ella lo mantiene firme y lo ayuda a regular los altibajos de su vida. La fuerza gravitatoria que los une ha creado un perdurable legado familiar de amor y fortaleza que pronto alcanzará el todopoderoso hito del aniversario de boda número setenta y cinco. Hasta hoy, siguen siendo una fuerza que guía mi vida. Algún día, yo también espero encontrar mi propia Luna y vivir un amor eterno similar.

Después de un par de meses en casa de tía Pilar y Eli, en un esfuerzo por devolverles su sala de estar y por respeto a su generosidad, empezamos a pasar las noches con mi tía Alba. Es una de las amigas de toda la vida de mi mamá, que es como una hermana para ella, y resulta que vivía sola en un apartamento de una habitación a pocas cuadras. En aquella época trabajaba en la banca y más tarde fue agente inmobiliaria, por lo que siempre iba vestida de punta en blanco e irradiaba una gran fuerza y amabilidad.

La primera amiga que recuerdo haber hecho en Estados Unidos fue Tina, la vecina estadounidense de mi tía Alba, que tenía noventa y tantos años y también vivía sola. Como era demasiado pequeño para ir al jardín de infantes, pasé mi primer otoño en Nueva York entre las casas de tía Pilar y tía Alba, y varias de esas tardes las pasé con mi nueva mejor amiga, Tina. Tenía el típico *look* de abuela: menuda y frágil, con el pelo blanco como la nieve y una bata para rematarlo. Su estilo me recordaba al de mi abuelita de Ecuador. Cada vez que la visitaba, me ponía un plato de galletas en la pequeña mesa de madera de su cocina-comedor y jugábamos a cualquier juego que tuviera a la mano. A veces eran cartas; otras, números o dibujos. También tenía una alcancía en forma de máquina tragamonedas y me pasaba horas metiendo monedas y tirando de la palanquita. Durante lo que habrían sido días largos y solitarios, Tina y yo nos proporcionábamos un consuelo y una compañía mutua, a pesar de estar separados por décadas, culturas e idiomas.

Empecé a aprender algunas palabras en inglés al relacionar los programas de televisión que veía en casa de mi tía Pilar y los juguetes con números, colores y otras palabras sencillas con los que jugábamos mis primos y yo. Imitaba los sonidos que oía y me pavoneaba por el apartamento fingiendo hablar inglés, aunque lo que decía no tenía sentido. Pero cuando pasaba tiempo con Tina, como ella no sabía español, tenía que esforzarme más para comunicarme con ella. Tina se convirtió en mi compañera de conversación en inglés durante esos meses en los que la escuela aún estaba fuera de mi alcance y yo aproveché cada minuto, mostrando ya un incipiente amor por el aprendizaje.

Al año de nuestra llegada, cumplí la edad para ir al jardín de infantes y mi mamá me matriculó en una escuela a unas pocas cuadras de donde vivíamos. El alumnado de la escuela era una mezcla de niños inmigrantes y locales, pero como mi inglés era bastante básico, me asignaron al programa de ESL (Inglés como segunda lengua, ahora conocido como Estudiantes de inglés, English Language Learners, o ELL, por sus siglas en inglés). Desde el principio, me esforcé por aprender la pronunciación y el acento correctos de cada palabra: no era solo que quisiera encajar y asimilarme con los demás, o que fuera un charlatán y supiera que esta era la herramienta que necesitaba para hacer nuevos amigos; tenía un impulso incipiente que me llevaba a querer continuamente mejorar y sobresalir en todo lo que emprendiera. No solo quería aprender inglés, sino dominarlo. Desde entonces, cuando tengo que aprender algo nuevo, hago todo lo posible por conocerlo a fondo antes de pasar al siguiente reto. Nunca he dejado nada a medias en mi educación.

Al cabo de un mes, ya hablaba inglés con fluidez y por fin podía comunicarme con el resto de mis compañeros y hacerme amigo de ellos. Por otro lado, ahora que sabía inglés, empecé a aburrirme mucho en mi grupo de ESL, así que de pronto me convertí en ese muchachito molesto de la clase que levanta la mano y dice: «Esto ya me lo sé. ¿Por qué estamos haciendo este ejercicio otra veeeez?». Me transformé en una persona que se esfuerza por sobresalir, ansiosa por afrontar nuevos retos. No era solo que fuera hijo de una educadora o que tuviera el deseo de probarme a mí mismo; mi mayor alegría provenía de superarme a mí mismo (sigo siendo mi mayor competencia). A pesar de estar listo para seguir adelante, me pidieron que terminara el año con el grupo de ESL. Desde muy joven he tenido una trayectoria con mirada hacia el futuro, lo que a su vez me frustra muchísimo cuando siento que se me retiene injustamente debido a requisitos estandarizados o burocráticos.

En octubre de 1998, mi mamá tuvo que viajar a Ecuador para arreglar los papeles de su pensión y tramitar su jubilación anticipada en Guayaquil, además de otras cuestiones logísticas para cimentar nuestra mudanza. Por suerte, mi abuelo ya había solicitado nuestra tarjeta verde, el permiso de residencia, así que no teníamos problemas legales para quedarnos en Estados Unidos a largo plazo, lo que no suele ser el caso de muchos inmigrantes. Mami solo estuvo fuera tres semanas, pero a mí me parecieron tres meses. Añoraba nuestras salidas semanales a comer pizza en el restaurante de la esquina, y echaba de menos ver su sonrisa antes de irme a dormir. Para colmo, comunicarme con ella a distancia no era tan fácil como lo es ahora. No había WhatsApp, FaceTime ni Skype; dependíamos de las viejas tarjetas telefónicas y las tarifas internacionales no eran baratas. Cuando conseguíamos conectarnos, nuestras voces resonaban en las cámaras de eco de nuestros teléfonos fijos, consumiendo minutos valiosos y exigiendo un grado extra de paciencia de ambas partes. Por si esperar toda esa eternidad no fuera suficiente, justo antes de que ella regresara a Nueva York, el volcán Guagua Pichincha cubrió de cenizas la capital, Quito, con su erupción, paralizando todo y dejando a mami varada unos días más hasta que, para mi gran alivio, por fin pudo volver a casa.

Dos años después de mudarnos a Estados Unidos, en el verano de 1999, mi tía Alba nos llevó a mami y a mí al aeropuerto JFK para recoger a mi papá. Unas semanas antes él había anunciado su intención de visitarme y verme, y aunque a mami no le gustaba la idea de tenerlo tan cerca, nunca quiso impedirme establecer una conexión y una relación con mi papá, así que le siguió la corriente. También sabía que él no tenía medios para quedarse mucho tiempo en el país, lo cual le era un gran alivio. En cuanto vi su alta figura en la puerta de llegadas, corrí hacia él y salté a sus brazos. No podía contener mi emoción: los tres estábamos nuevamente juntos.

Los días se nos pasaron volando mientras paseábamos por la ciudad, enseñándole a papá Times Square, el Rockefeller Center, Wall Street, y yo me lucía con mi inglés mientras intentaba hacer de guía turístico. Un día paramos en Chinatown y mi papá me compró el Megazord de los Power Rangers, una combinación de todos los Zords del equipo principal de los Rangers que se conectan para formar un gran robot: el mejor regalo para un fan de los Power Rangers como yo.

Pasé horas interminables desarmando mi Megazord, jugueteando con cada pieza móvil mientras imaginaba la inminente batalla que el Megazord tendría que afrontar en cuanto lo volviera a armar. Estos juguetes y dibujos animados me introdujeron en el mundo de la justicia, del bien contra el mal, de la redención, de los robots y el uso de la tecnología para resolver problemas. Mientras me deleitaba con la presencia de mi papá y mi nuevo juguete, mami tuvo que enfrentar otra realidad, la verdadera intención de mi papá con esta visita: llevarnos de vuelta a Ecuador. «Lo siento, pero ya renuncié a mi trabajo», le dijo mami en referencia al puesto que la escuela de Guayaquil le había mantenido disponible durante un año. «Ya no tengo trabajo allí». Volver a un país en plena crisis política y económica sin perspectivas laborales no tenía sentido. Las circunstancias de mi mamá supusieron un revés inesperado para el plan de mi papá. Lo que él no entendía era que, después de que ella había logrado cortar por lo sano con esa relación tan complicada, por más dura que fuera la vida en Nueva York, para ella ya no había vuelta atrás.

Mientras tanto, yo me encontraba tan resguardado de todos los problemas que tenían mi mamá y mi papá que sinceramente pensaba que él había venido a la ciudad para quedarse. Por eso, cuando mis papás me dijeron que él se volvía a Ecuador, me tomaron totalmente desprevenido.

—¿Qué? ¿Cuándo? —les pregunté, desesperado.

—Hoy —me respondieron sin más.

¿Cómo pudieron darme esta noticia tan a último momento? Destrozado, me aferré a mi papá mientras intentaba despedirse, negándome a dejarlo marchar. Con el rostro bañado en lágrimas, mi papá por fin me arrancó de sus brazos y me entregó a mi mamá, que también lloraba al verme sufrir. Una vez dentro del carro de mi tía Alba, no paré de llorar. Solo tenía seis años. No volví a ver a mi papá durante los próximos catorce años.

Los inmigrantes y los hijos de inmigrantes se enfrentan de forma constante a las despedidas. Algunas de las personas de nuestras comunidades han tenido que despedirse de sus papás, abuelos, hijos, sabiendo que quizás no los volverían a ver. A medida que crecía y me daba cuenta de que no tenía los medios para decir «Hasta luego» con sinceridad, las despedidas se volvieron aún más impactantes. La pesadez que arrastré por esas partidas acumuladas solo empezó a disiparse años después, cuando encontré otras fuentes de ingresos que me permitieron decir «hasta luego» en serio.

Después de esta traumática separación, *El rey león* se convirtió en mi película favorita. Mami cree que recurrí a esa película porque podía identificarme con Simba, que pierde a su papá; probablemente tenga razón: esa película me reconfortó. En retrospectiva, no puedo creer lo noble que fue mi mamá durante toda esa situación. A pesar del sufrimiento emocional que había vivido con él, nunca le echó nada en cara a mi papá, nunca lo convirtió en un villano, al menos no delante de mí. Siempre me animó a seguir en contacto con él —incluso cuando ella tenía que mantenerlo a raya— comprándome tarjetas telefónicas a lo largo de los años para que pudiera seguir oyendo su voz. Le estaré eternamente agradecido por haberme permitido descubrirlo a mi propio ritmo.

Con la ayuda de sus hijos, y después de varios años de ahorro, mis abuelos pudieron por fin alquilar su propio apartamento de dos habitaciones en el tercer y último piso de un edificio sin ascensor. Dado el poco espacio que había en los de mi tía Pilar y mi tía Alba, lo lógico era que Mami y yo nos mudáramos con mis abuelos, donde podríamos pasar de la sala de estar a nuestro propio cuarto compartido. El tema era que nuestro nuevo hogar se encontraba en East New York.

Hasta hoy, esa zona sufre un alto índice de delincuencia. Tienes que saber por dónde caminar, porque un giro equivocado te puede dejar parado en una cuadra caliente. Mi mamá, protectora, ansiosa e insegura en el nuevo entorno, se aseguró de que yo pasara el verano sano y salvo dentro del apartamento. Sin un lugar a donde ir ni nada que hacer, decidí convertir la repisa de la ventana de la habitación de mis abuelos en mi zona de juegos. Si no estaba construyendo naves de LEGO e inventando historias con mis juguetes, estaba inmerso en una Game Boy Pocket de 1996 que había heredado de mis primos, jugando a Pokémon Amarillo. No creo que mami entienda el impacto que ese juego que me regaló tuvo en mi joven vida: tenía que armar mi equipo estratégicamente basándome en los puntos fuertes y débiles de los personajes. Si uno tenía carencias en un área específica, aprendí a elegir a otro que pudiera complementarlo... ¡hola, capacidad de trabajo en equipo! Todo se volvió muy algorítmico en mi mente. Me tomé mi tiempo para conocer la historia de cada Pokémon y así poder elegir con cuidado cuáles atrapar. Me sumergí tanto en estas historias que mi Game Boy Pocket se convirtió en mi propio universo, una vía de escape de la realidad que había al otro lado de la puerta de East New York.

En el nuevo barrio nos volvimos muy reservados, pero el

miedo de mami empezó a calar poco a poco en mi psique. No podía reírme para alivianar la situación como lo hacía mi papá en Ecuador. De pronto estaba comenzando primer grado en la escuela PS 159, ya no tenía que estar en las clases de ESL y la verdad es que ni me había dado cuenta de que era una minoría en una escuela donde los estudiantes eran en su mayoría afroamericanos hasta que mis abuelos y mi mamá me lo recalcaron con su mentalidad de nosotros contra ellos. Sus advertencias se me metieron en la cabeza —«Ten cuidado en la escuela, Elio». «Eres diferente». «Pueden ser malos contigo»—, pero a la vez chocaban con mi realidad, en la que estaba seguro de que me llevaba bien con todo el mundo. Pasé los primeros meses en la escuela sin dificultad alguna y, antes de que acabara el semestre de otoño, me asignaron a la clase de alumnos dotados. Aunque me encantaba aprender y sobresalir, mi parte favorita de la escuela era corretear con mis compañeros y jugar al aire libre durante el almuerzo.

Durante un tiempo, conseguí racionalizar el pavor que me infundían los miedos de mis abuelos y de mi mamá; pero con el tiempo, comencé a sentir miedo de cualquier cosa y persona que no me resultara familiar. Empecé a tenerle miedo a la gente que no conocía, sobre todo a los niños más grandes y de aspecto más fuerte que entraban en el ominoso edificio contiguo a nuestra pequeña aula-tráiler. En el tráiler solo había clases de jardín de infantes y primer grado, así que la idea de tener que ir a segundo grado más allá de esas paredes conocidas me produjo las primeras oleadas de pánico y ansiedad.

Para todos los inmigrantes que vivimos en un lugar en el que aún no dominamos el idioma, el cambio a menudo nos hace vulnerables al miedo. Y, a su vez, el miedo a lo desconocido a veces paraliza nuestro pensamiento lógico y nos frena cuando se anida en el alma. A menudo, ese miedo irracional nos empuja a volvernos insulares, a mantenernos alejados de los demás durante nuestra estancia en nuestro vecindario, y este comportamiento puede acabar transformándose en racismo. Mi mamá y mis abuelos tenían una razón legítima para tener miedo en East New York, porque era una zona peligrosa. Por desgracia, empezaron a asociar ese peligro con la comunidad negra. No eran abiertamente racistas, su comportamiento era sutil: agarraban sus pertenencias cuando alguien se les acercaba o cruzaban la calle cuando veían a alguien que les parecía «peligroso». Mientras tanto, los niños negros de mi colegio eran mis compañeros de clase y de recreo, y yo sólo temía a los posibles matones del gran edificio contiguo a nuestro tráiler. Cuando llegué a la escuela media y a la secundaria, las barreras raciales dentro de mi propia familia empezaron a romperse a través del grupo diverso de amigos que yo traía a casa y que mi familia quería y apreciaba como si fueran parte de nuestra familia. Aunque, por supuesto, los adultos tienen la responsabilidad de ahondar en sus propios sesgos y prejuicios, a veces hace falta que un niño rompa las creencias y las barreras para demostrar que lo importante es crear círculos inclusivos.

El programa Artemis, que lleva el nombre de la hermana de Apolo y es una oda al programa espacial de los años sesenta, es un programa de exploración robótica y humana que llevará a la Luna a la primera mujer y a la primera persona de color en la década de 2020, cerrando así la brecha de género y de disparidad racial en la exploración espacial. Estas nuevas misiones, cuyo objetivo es explorar aún más la superficie lunar y establecer una presencia a largo plazo en nuestro único satélite natural, requerirán agallas, dedicación y colaboración entre distintos países y sectores; además desafiarán al miedo de frente, como el siguiente paso en mi viaje con mami.

CAPÍTULO 3

RECONSTRUCCIÓN DE LA PLATAFORMA DE LANZAMIENTO

Puerto Rico y la amabilidad de los desconocidos

Dos años antes de que yo naciera, mi hermano Xavier cumplió quince años. Era un muchacho tímido que solía ser reservado y prefería observar en silencio sus alrededores (todo lo contrario a mi personalidad animada, enérgica y que me lleva a hablar con todo el mundo). Los colegas de mamá lo llamaban el «pequeño caballero». Para celebrar este importante cumpleaños, mami le dio a elegir entre celebrar con una gran fiesta o pasar el verano de 1991 con la tía Pilar en Nueva York. Eligió Nueva York. Al final de su visita, maravillado por Estados Unidos, mi hermano le preguntó a mami si podía quedarse durante el año escolar para conocer a fondo la ciudad. En medio de un río de lágrimas, mami accedió. No quería negarle una experiencia tan única. Nunca imaginó que un año se convertiría en seis.

El tiempo es relativo. Se dilata y se contrae. Dejamos un mundo para ir al siguiente, orbitando cuerpos celestes para los que los días, los años, incluso la edad, son relativos. Un año en Marte son casi dos años terrestres. Un año en Neptuno son casi ciento sesenta y cinco años para nosotros. Sin embargo, aquí en la Tierra, el tiempo puede seguir pareciéndonos diferente en función de la edad y de nuestras circunstancias. De niño, los años se me hacían eternos, mientras que para mami pasaban a una velocidad espantosa.

Cuando llegamos a Nueva York, Xavier ya tenía veintiún años. Llevaba varios años viviendo solo, algo que mi mamá no supo hasta que llegamos allí, pues nadie se lo había dicho. Parece ser que, como Xavier se había quedado más tiempo de lo esperado, mi tío le había pedido que se mudara. Mi hermano, que no era de los que se rinden, encontró un trabajo como vigilante nocturno gracias a unos amigos y se las arregló para ganar lo suficiente para alquilar su propio apartamento mientras terminaba la secundaria, perseverando a pesar de todo. Sin saberlo, Xavier se convirtió en un pionero que pasó por la vida dándome ejemplos de resiliencia que marcaron mi camino.

No recuerdo haber visto mucho a Xavier mientras estuvimos en Nueva York, salvo alguna visita ocasional los fines de semana. Apenas lo conocía y, mientras yo era un niño muy inquieto, él era muy reservado, así que no había nada que nos uniera; la diferencia de edad de diecisiete años tampoco nos ayudaba. Luego se casó en secreto con su novia y se

mudó a Puerto Rico donde tuvieron a su primera hija, entonces lo empecé a ver aún menos. Cuando llegó la noticia de
que el segundo bebé estaba en camino, mami planeó un viaje
para que visitáramos a Xavier y a su mujer, Ruth, conociéra-
mos a los nuevos miembros de la familia y les echáramos una
mano. Así fue como llegamos a pasar el verano de 2000 en
La Isla del Encanto.

Yo acababa de cumplir siete años cuando pisamos la isla por
primera vez. Xavier y Ruth nos recogieron en el aeropuerto y
nos llevaron a su casa, donde también vivía la mamá de Ruth,
Noemí, en Caguas, una ciudad situada en la Cordillera Central,
justo al sur de San Juan. A medida que pasaban los días, mami
y yo empezamos a pasear por este nuevo vecindario como solíamos hacer en Bay Ridge. Ella se sentía mucho más a gusto
en Caguas que en East New York y probablemente el hecho de
conocer el idioma también influyó mucho. Mientras explorábamos las calles principales y secundarias para orientarnos, dimos con un colegio privado a pocas cuadras de la casa de Xavier
y Ruth. Mami sintió una atracción instantánea y se le reavivó
la idea de volver a sus raíces como profesora. Una semana más
tarde, sin nada que perder, se pasó por el colegio y dejó su cu-
rrículum; pocos días después, recibió una oferta.

En mi corta vida, no había pasado suficiente tiempo en un
lugar como para formar vínculos profundos. El mundo giraba, con sus rasgos envueltos en una borrosidad vertiginosa,
y la única estrella que me guiaba era mi mamá. Aún no había
comprendido bien lo que siempre se le escapaba de las manos
a mami: la familia.

Ojalá pudiera decir que vivir con mi hermano me dio por fin la oportunidad de crear un vínculo más profundo con él, pero aunque vivíamos bajo el mismo techo, no pasábamos mucho tiempo juntos. Por aquel entonces, él tenía un trabajo que lo obligaba a hacer turnos de noche, así que mientras yo estaba despierto, él dormía a pierna suelta. Los fines de semana él los dedicaba a salir con la familia; nunca pasaba tiempo a solas conmigo, no me enseñó a andar en bicicleta ni a dar puñetazos, no asumió el papel de papá, pero no lo culpo. Era mucho mayor que yo, ya era papá y tenía miles de responsabilidades. En lugar de resentirme con él, llené instintivamente los vacíos de nuestra hermandad con los amigos que llegaron a mi vida.

Al mismo tiempo, aún no había comprendido que mis papás ya no estaban juntos. Claro, no había visto a mi papá desde su visita a Nueva York un año antes, pero estaba acostumbrado a no tenerlo en mi vida todo el tiempo, así que no le di mucha importancia a nuestras circunstancias hasta una tarde en que mami y yo estábamos sentados en la sala de estar de mi hermano viendo *Laura en América*. Laura estaba sentada en el escenario frente a su bullicioso público con un niño que tenía más o menos mi edad y sus papás, discutiendo en vivo la posibilidad de su separación. Era uno de esos episodios de los que no puedes apartar la vista. De repente, el niño soltó: «¡Si mis papás se divorcian, me mato!». El público quedó boquiabierto.

Sin pensarlo dos veces, me volví hacia mami y exclamé:

—¡Ay, si ustedes se divorcian, yo también me mato!

Mami se quedó boquiabierta, igual que el público en el estudio de Laura; tardó un rato en ordenar sus pensamientos y luego contestó con cuidado:

—Tu papá y yo nunca nos casamos, Elio. Y no estamos juntos.

Me quedé mirándola estupefacto y luego fijé los ojos en la pantalla del televisor mientras una silenciosa devastación se instalaba en la boca de mi estómago. No lo entendía. ¿Cómo no lo había sabido antes? Él era lo único de Ecuador a lo que me había aferrado, y ahora, con esta bomba de verdades explotándome en la cara, la unidad familiar que había creído que éramos de pronto se empezó a escabullir, creando un vacío que hasta entonces no había sentido.

Un par de meses después de mudarnos a Caguas, yo estaba matriculado en una escuela cercana y mami había conseguido ahorrar lo suficiente para alquilar un estudio en el segundo piso de una casa de tres unidades situada justo enfrente de la casa de Xavier. Metimos nuestras pertenencias en una maleta, cruzamos la calle, subimos las escaleras y entramos en la improvisada sala de estar vacía de nuestro apartamento nuevo, que tenía espacio suficiente para un pequeño sofá y un escritorio que más tarde compraríamos en una tienda de segunda mano. Al otro lado de la unidad, en forma de U, se encontraba la zona del cuarto con dos camas individuales, un pequeño baño y un armario que básicamente servía de separación entre la sala de estar y nuestra habitación. Ese armario también era el lugar en el que mi mamá se refugiaba cada vez que una estruendosa tormenta tropical atravesaba nuestro vecindario, lo cual ocurría a menudo en Puerto Rico. Unas semanas más tarde, centradas entre los pies de nuestras camas, colocamos nuestras adquisiciones más recientes de la tienda de segunda mano: una cómoda coronada con un televisor en el que yo veía dibujos animados y mami se ponía al día con sus novelas. Por muy estrecho que pareciera, este lugar era una mejora bienvenida y marcaba la primera vez que ella y yo vivíamos solos.

Ya conocíamos el barrio por haber vivido en la misma zona con Xavier y Ruth. Había cuadras que evitábamos en la medida de lo posible o en las que permanecíamos muy atentos al cruzar porque no era raro que ocurrieran robos —una vez vi cómo un hombre le arrebataba el bolso a una mujer mientras esperaba la guagua—, pero, en general, me sentía seguro. La gente entraba y salía de las tiendas de las manzanas circundantes, sobre todo los días de sol, cuando todo el mundo acudía a la plaza de la ciudad después de la iglesia para tomar un helado en Rex Cream y luego caminar por El Paseo, unas cuadras peatonales flanqueadas por farolas curvas, tiendas de ropa y calzado, chucherías y restaurantes. Puedo oler las frituras solo de pensar en ese paseo. A menudo, mami recargaba las pilas con un cafecito mientras yo me zampaba un juguito de parcha y luego íbamos a la tienda de 99 centavos para que ella comprara material escolar para sus alumnos. Otra parada obligatoria era La Asturiana, una panadería situada a un par de cuadras que lleva abierta desde principios del siglo XX y vende pan sobao recién salido del horno; no puedo decir que haya visitado Puerto Rico sin comprar dos de estas largas y dulces hogazas de pan en su clásica bolsa de papel; se le unta un poquito de mantequilla y uno va directo al cielo.

Sin un carro a nuestra disposición, tener desde la farmacia hasta la tienda de comestibles a poca distancia nos facilitaba la vida. Todo lo que necesitábamos era nuestro carrito plegable de la compra y nuestras «Dodge Patas», que es como llamábamos a nuestro medio de transporte preferido: caminar.

Empecé a asistir a clases de arte extraescolares financiadas con fondos públicos en el Programa de Talleres de Bellas Artes cuando cursaba segundo grado, después de que mi nuevo mejor amigo, Jan Josué, y yo dibujáramos nuestros propios cómics con personajes inspirados en una combinación de nuestros dibujos animados y juegos favoritos. Así nació Ray-Man: era un tipo normal que descubría un bastón mágico y, en cuanto lo tocaba, se convertía en una especie de payaso —algo inspirado en Sonic the Hedgehog— que vencía a los malos y absorbía sus poderes (un concepto que probablemente procedía del videojuego *Mega Man*). Se me había despertado el interés por la ilustración y era solo el comienzo.

Cuando entré por primera vez al estudio del Edificio Víctor Torres Lizardi, enseguida mis ojos se fijaron en la explosión de coloridos retratos, pinturas y dibujos que cubrían las paredes con las firmas de estudiantes que habían tomado clases allí. Entonces vi a Artemio Rivera, mi profesor de Arte, un puertorriqueño blanco, alto, tatuado, de ojos verdes con una bandana en la cabeza y un aire de rocanrol. Era un artista de renombre y un ícono muy querido en nuestra ciudad. Me miró a los ojos y una sonrisa se dibujó en su rostro mientras me hacía señas para que entrara. Tomé asiento en la mesa en forma de U que había en el centro de la sala y observé a los demás estudiantes, una mezcla de niños, adolescentes y adultos; me sentí como en casa.

«Elijan un tema y empiecen a dibujar», dijo Artemio. Como se trataba de un grupo multinivel, no había una verdadera estructura en la clase. Los retratos requerían demasiado tiempo y práctica para mi mente joven e impaciente, así que elegí lo que me resultaba más fácil: los paisajes. Con el tiempo, empecé a trabajar en una pintura acrílica de un bosque y un árbol Deku, un pseudo dios del videojuego *The Legend of Zelda*, una obra que más tarde mostraría en la exposición de fin de curso que Artemio organizó para nosotros en una de las galerías locales de la ciudad. Se paseaba por la sala, mirando lo que hacíamos por encima de nuestros hombros y explicando con pasión las técnicas específicas que ayudarían a dar más profundidad y textura a nuestros cuadros. Cada vez que me recomendaba un pincel específico y se daba cuenta de que yo no lo había traído a clase, agarraba uno de su mesa y me lo entregaba, sin preguntas. Nunca dejaba que la falta de una herramienta interrumpiera la corriente artística de ninguno de sus alumnos. Además de ser un profesor inspirador y compasivo, Artemio era también un ser humano maravilloso y querido: no se limitaba a enseñarnos a pintar, sino que nos contaba historias y nos hacía un sinfín de chistes. Una vez, al presentarnos ante un nuevo alumno, se acercó, se paró a mis espaldas y dijo: «Este es Helio. ¡Es el hombre más liviano del mundo!». Luego puso su gran mano sobre mi cabeza y añadió: «Si no lo sujetamos, podría salir flotando». Como si lo hubiéramos ensayado, cuando retiró la mano, me levanté despacito de mi asiento, simulando flotar y de inmediato volvió a ponerme la mano sobre mi cabeza y me empujó hacia abajo. «¿Lo ves?». Una risita colectiva se extendió por la sala.

Fue uno de los primeros hombres que por un tiempito llenó el vacío de figura paterna que yo tenía en casa. Me encantaba cómo iluminaba cualquier habitación en la que entraba con su carisma y encanto, como lo que yo recordaba de mi papá. Artemio no solo me ayudó a enamorarme del arte, sino que también me enseñó a no tomarme demasiado en serio a mí mismo, a bromear con los demás sin ser malo ni hacer que nadie se sintiera inferior. Por desgracia, las clases con Artemio se suspendieron cuando le diagnosticaron cáncer cerebral. Siguió luchando con valentía durante años contra esta terrible enfermedad, pero al final perdió.

Yo continué aprendiendo arte con Rosa Solivan, una compañera y amiga de mi mamá que daba clases particulares en su casa. Echaba de menos las bromas y el estilo relajado de Artemio, pero Rosa también se hizo un lugarcito en mi corazón. En general, yo llegaba a su casa treinta minutos antes de que empezara la clase y siempre me recibía con un sandwichito de queso a la plancha y un vaso de refresco, la merienda perfecta. Mientras Artemio era un artista de espíritu libre al que le gustaba desafiar el *statu quo* y nos dejaba pintar lo que quisiéramos, el estilo de Rosa era mucho más metódico y estructurado. Colocaba frutas en una mesa y nos pedía que las dibujáramos desde nuestras perspectivas individuales, y luego las pintábamos. Otras veces nos pedía que eligiéramos una imagen de una serie para luego reproducirla en otro medio. También nos enseñó a utilizar diferentes lápices de dibujo y gomas de borrar para crear sombreados específicos. En esta clase se bromeaba menos y se trabajaba más. Pasábamos semanas enteras afinando el mismo proyecto, sentados en el mismo asiento para mantener la misma perspectiva, y ella se apresuraba a señalar cualquier incoherencia o parte que necesitara más atención. Aunque había un marcado contraste entre los métodos artísticos de Artemio y Rosa, nunca pensé que uno fuera mejor que el otro. Rosa nos empujaba a dominar cada paso antes de pasar al siguiente, lo que me enseñó a ejercitar la paciencia y la disciplina, mientras que Artemio nos enseñó a estar presentes y a hacer todo lo posible por disfrutar del proceso.

Muchos creen que la ingeniería es cuestión de lógica, pero se necesita una mente creativa y metódica para conceptualizar, iterar y resolver problemas muy complejos del mundo real. En particular, los ingenieros espaciales se ven obligados a abordar problemas a los que nadie se ha enfrentado antes, sentando precedentes para el futuro y aprendiendo de quienes nos precedieron. Hoy en día, me inclino por el pensamiento más metódico de Rosa cuando analizo las distintas formas en que puede fallar un componente de una misión y utilizo el pensamiento libre de Artemio para idear soluciones innovadoras y así garantizar que nuestro hardware en Marte viva para ver otro sol (un día marciano).

En la primavera de 2001, menos de un año después de hacer de Caguas nuestro hogar, mi escuela decidió celebrar el Día de la Familia con un evento para que los estudiantes y sus familiares se pudieran conocer en persona. Como no teníamos carro y las guaguas no circulaban los domingos, afrontamos esa mañana lloviznosa a pie. Mientras me acurrucaba bajo el paraguas de mami, aventurándome de vez en cuando más allá de su circunferencia para chapotear en los charcos intermitentes del camino, un Subaru azul cielo metálico se detuvo a nuestro lado. Al bajarse la ventanilla, vimos a una señora de setenta y tantos años con pelo castaño teñido que nos miraba por encima de sus gafas.

—¿A dónde van con esta lluvia?

—Buenos días. Nos dirigimos a la escuela —dijo mami muy cortés, algo sorprendida por la familiaridad de aquella desconocida.

—¡Yo los llevo! —respondió la mujer con entusiasmo.

—No, está bien, gracias, ya casi llegamos —respondió mami.

—Por favor, no hace falta que caminen bajo la lluvia. ¡Súbanse! —dijo.

Con ganas de tener un breve respiro de la lluvia incesante, mami me llevó a la parte trasera del viejo carro y se sentó en el asiento del pasajero. Mientras conducíamos por las calles mojadas, con la ligera lluvia difuminando el paisaje, mami y la señora entablaron una ligera charla que, para cuando llegamos a mi escuela, ya se había transformado en una conversación profunda; era como si se conocieran desde hacía años. Cuando salimos de su carro y nos despedimos y le dimos las gracias, la amable señora insistió en que quería llevarnos a casa cuando hubiéramos terminado. Mi mamá, conmovida, sonrió y asintió con la cabeza.

Tres horas más tarde, salimos del edificio y encontramos al Subaru esperándonos fuera, como nos había prometido, pero en lugar de llevarnos a nuestro apartamento, la señora nos invitó a cenar. Al llegar a su casa, descubrimos que vivía a la vuelta de la esquina de nuestro estudio. Se llamaba María Flores, pero todos la llamaban Niní. Mami dice que fue un ángel enviado del cielo y yo no podría estar más de acuerdo.

La vida cambió para mejor con la llegada de Niní a nuestro mundo. Como estaba a menos de una cuadra de distancia, a menudo la pasábamos a visitar, un escape bienvenido de nuestro pequeño estudio. Recuerdo esas caminatas nocturnas: la ligera brisa que refrescaba las aceras vacías a media luz; nuestros pasos resonando en el sosiego de la noche, junto con el canto lírico de los coquíes; la calidez que irradiaba de las ventanas que enmarcaban escenas de familias cenando o charlando alrededor de un televisor. Un marcado contraste con las estruendosas y ominosas calles del East New York por las que ni muertos hubiésemos caminado solos de noche. Pronto caímos en la rutina nocturna de ver la telenovela de la noche en casa de Niní antes de volver a nuestro estudio a dormir. Los fines de semana Niní me mimaba sirviéndome galletas saladas con mantequilla, una sopa Lipton y un huevito, cosa que me encantaba. Niní tenía nietos, pero eran mayores y vivían lejos, así que enseguida nos enganchamos y llenamos ese vacío de abuela y nieto en nuestras vidas.

Pronto también se convirtió en una figura materna para mami: iban juntas a hacer las compras al súper, paseaban por las calles y miraban vidrieras agarradas del brazo e incluso se acompañaban a sus citas médicas. Cuando la hija de Niní sufrió una crisis de salud mental y murió de una sobredosis, mami estuvo a su lado, consolándola y dándole un hombro en el que apoyarse en aquel momento tan duro. Sin saberlo, ese fue mi primer contacto con los problemas de salud mental. Lo único que recuerdo es que mami me dio la noticia seguida de una seria advertencia: «Cuídate siempre y ten cuidado con lo que te metes en el cuerpo, Elio». Asentí con la cabeza. Luego observé en silencio el efecto tan profundo que tuvo esa pérdida en Niní y su familia y se me estrujó el corazón por ella. Deseaba poder aliviar su dolor. Ahora éramos familia.

Cuando mi mamá, necesitada de un ingreso suplementario, empezó a dar clases particulares en casa, dejamos de frecuentar la casa de Niní después del colegio y pasamos a visitarla los viernes y los fines de semana. La ayudábamos a hacer recados, íbamos al supermercado o conducíamos treinta minutos hasta El Viejo San Juan para dar un relajado paseo los sábados. Al principio, esas horas de tutoría que mi mamá había asumido me molestaban un poco; el hecho de que un montón de niños se pasaran por casa entre las cinco y las siete de la tarde me obligaba a quedarme en silencio en la zona que llamábamos nuestra habitación del estudio, lo cual era casi tortuoso para mi personalidad alegre y sociable. Después, mami pasaba otra hora preparando los deberes a mano —no teníamos computadora— para el siguiente día de clase, lo cual también requería cierto grado de silencio por mi parte. Ella era básicamente una versión humana de Microsoft Word.

Al poco tiempo, dos niños nuevos, los hermanos Benito y Gabriela, empezaron a venir a tomar clases con mami. Como de costumbre, yo permanecí en mi rincón hasta que una tarde Gabriela empezó a gritar:

—¡No quiero hacer esto!

—Acabemos primero con este problema y luego veremos qué sigue —le dijo mami con paciencia.

—¡No, no, no quiero hacer más tareas! —exclamó Gabriela.

«Ay Dios mío, ¡qué pesada!» pensé al principio, pero luego

me picó la curiosidad y asomé la cabeza por la esquina para echar un vistazo a lo que estaba ocurriendo.

Mami estaba de pie junto a Gabriela, ignorando su berrinche y señalando la página del libro sobre la mesa de la cocina, pidiéndole con calma que siguiera completando los ejercicios. Benito estaba sentado en la silla junto a su hermana, desesperado con su comportamiento revoltoso. Como ya había terminado sus deberes, levantó la vista y nuestros ojos se cruzaron y se pusieron en blanco en señal de solidaridad. Pronto empecé a esperar con impaciencia sus sesiones dos veces por semana en casa. Benito y yo empezamos a pasar el rato mientras mami seguía luchando con Gabriela. Se quedaban más tiempo que la mayoría de los niños porque sus papás, Sonia y Robert, solían trabajar muchas horas. A las pocas semanas, Sonia le preguntó a mi mamá si me dejaría pasar el siguiente viernes a la noche con ellos; ella sabía que mami le había hecho un gran favor cuidando a sus hijos y quería devolvérselo. Ese viernes se convirtió en una cita semanal.

De repente pasé de vivir en un pequeño estudio con mi mamá durante la semana a unos fines de semana épicos en una casa enorme con *living*, comedor, sala de estar y tres dormitorios, uno para los papás y otros dos para cada niño. También tenían tres perros y dos carros —uno para cada papá—, su abuela vivía al lado, en su propia casa con patio trasero, y todos residían en una urbanización cerrada donde nadie tenía que pensárselo dos veces antes de caminar ciertas cuadras porque la seguridad era un hecho. Lo primero que pensé fue: «¡Espera, esta es la gente que he visto toda mi vida en las novelas!».

Robert recogía a Benito y a Gabriela del colegio, venía a buscarme a casa, y luego nos dirigíamos a Blockbuster (sí, me tocó vivir los últimos años de Blockbuster de primera mano), donde buscábamos por los pasillos la película que veríamos y el juego al que jugaríamos esa noche. A la cena le seguía el DVD que habíamos elegido o cualquier programa de Cartoon Network. Una noche estábamos todos acomodados en los sofás con sus tres perros a nuestros pies viendo *Alien Apocalypse*, una película absurda de ciencia ficción sobre una invasión alienígena en la que unos extraterrestres gigantes con aspecto de hormiga encarcelan a los humanos y los obligan a trabajar hasta que los humanos planean y ejecutan una rebelión en el campamento. Con armas en mano, empiezan a aniquilar a los extraterrestres y una viscosidad verde salpica toda superficie visible: lo que debería haber sido una escena terrorífica y asquerosa se hizo con una CGI (por sus siglas en inglés, imagen generada por computadora) tan mala que todos nos echamos a reír tanto que se nos saltaban las lágrimas. Me agarré el vientre, intentando recuperar el aliento de las carcajadas incesantes, pero enseguida me di cuenta de que, por mucho que intentara inspirar, no me llegaba aire a los pulmones. Le di una palmada en el brazo de Robert y me señalé la garganta. Todos entraron en acción y de inmediato me llevaron a la sala de urgencias, donde me administraron esteroides para abrirme las vías respiratorias; ya sabía que tenía asma. Mami solía ponerme un nebulizador en la cara cuando era un bebé para asegurarse de que pudiera respirar bien por la noche —recuerdo haberlo usado también de niño en Nueva York—, pero no había tenido un ataque de esa magnitud desde que era un pequeño, por lo que no lo tenía presente. Según los médicos, el ataque respiratorio no fue por reírme de los malditos extraterrestres... era alérgico a los perros.

A las risas de los viernes por la noche —sin ataques de asma— les seguía lo mejor de mis fines de semana: los dibujos animados del sábado por la mañana. En casa veía algunos de los clásicos en la tele, claro, pero como no teníamos cable, rara vez veía muchos de los dibujos animados de los que hablaban mis compañeros en el colegio, hasta que empecé a pasar los fines de semana en casa de Sonia y Robert. El que me dejó boquiabierto fue *El laboratorio de Dexter*. Dexter era un nene bajito y joven con una pelambre pelirroja y llevaba gruesas gafas, una bata blanca de laboratorio, pantalones negros y guantes morados. Sin que sus ingenuos padres lo supieran, tenía un pasadizo secreto que conducía a un enorme laboratorio parecido al de la NASA, donde inventaba unas máquinas alucinantes y unos robots bien chiflados, como un loro parlante, que evitaban catástrofes o causaban caos en la casa. Tenía un archienemigo, Mandark, que también era un niño genio y tenía una ridícula risa malvada, y una hermana mayor, Dee Dee, que a menudo se las ingeniaba para reventar sus experimentos y fastidiarlo a más no poder. Mis escenas favoritas eran las que ocurrían en su laboratorio, un paraíso de la ingeniería repleto de equipos, tubos de ensayo y computadoras. Cada vez que construía sus máquinas, mis ojos se clavaban en la pantalla. Ver aquel dibujo animado en acción me convenció de que algún día quería ser inventor y tener mi propio laboratorio secreto donde realizar experimentos y construir máquinas impresionantes, sobre todo robots. Yo quería ser Dexter.

Como los fines de semana venían muchos niños a jugar con Benito y Gabriela, Sonia siempre tenía a mano un montón de tentempiés y refrescos para nosotros. Si nos entraba hambre, calentaba *nuggets* de pollo, Bagel Bites o palitos de mozzarella, y yo sentía como si me hubiera ido al cielo de la comida chatarra. Luego nos íbamos corriendo a la sala de estar a jugar videojuegos como *Super Smash Bros.* o *Mario Kart*, enfrentándonos unos a otros en típicas escenas de rivalidad entre hermanos, lo cual me encantaba. Xavier estaba demasiado ocupado siendo papá y marido y trabajando en turnos de noche para mantener a su familia como para jugar con un hermano menor que tenía una edad más cercana a la de sus hijos que a la suya. Así que Benito y Gabriela enseguida se convirtieron en mis hermanos y sus papás en una segunda familia para mí. En mi mente, esto era lo que se sentía tener hermanos, tener una familia que no estaba separada por fronteras, dificultades económicas o divorcios.

Me hice tan amigo de todos ellos que cuando decidieron hacer una escapada de fin de semana a su casa en Palmas del Mar, Humacao, al este de la isla, me llevaron con ellos sin pensárselo dos veces. Era la primera vez que experimentaba algo parecido a una escapada a la playa, porque mami y yo nunca habíamos tenido la posibilidad de tomarnos ningún tipo de vacaciones. A pesar de vivir en orillas opuestas del río de recursos económicos, Sonia, su marido y sus hijos siempre me hicieron sentir como un miembro más de su familia, nunca como un extraño.

Se convirtieron en las personas que yo aspiraba ser, el tipo de familia que deseaba tener. Sus historias —con ambos padres graduados de la universidad y con carreras exitosas— eran una afirmación de que, si yo iba a la escuela, podría tener la oportunidad de una vida similar con recursos y seguridad financiera. Pero no se trataba solo de una casa grande, un carro bonito y una comunidad segura, se trataba de tener la oportunidad de abrir mis puertas y compartir lo que pudiera tener con los que me rodearan, incluyendo a vecinos, amigos y familiares, en especial mi mamá, que sin importar a qué lugar llamáramos nuestro hogar —fuera una habitación, un estudio o un apartamento de una habitación—, siempre me creaba un lugar mullido donde aterrizar. Quería tener la posibilidad de hacer lo mismo por ella algún día.

CAPÍTULO 4

SOPORTE EN TIERRA

Condiciones meteorológicas adversas

Mientras yo seguía fascinado con la escuela y nuestra nueva familia por elección, mami tenía que seguir demostrando cada día su valía como maestra. Al amanecer, se marchaba al trabajo mal pagado en una escuela privada —que no exigía credenciales de docencia, pero tampoco pagaba los salarios estándar del sector— para luego volver a casa y dar clases particulares a los alumnos hasta el anochecer solo para llegar a fin de mes. Con un horario tan agotador, se propuso conseguir un trabajo en el sistema de escuela pública que le pagaría un salario digno y honraría mejor sus treinta años de experiencia. Para ello, necesitaba sacar el certificado de maestra de Puerto Rico. Las clases de certificación se impartían por la tarde en una universidad cercana, así que, después de su última sesión de tutoría en casa, se iba directo a su curso, llevándome a rastras con ella.

Mientras tanto, yo me había adaptado fácilmente a nuestra nueva vida en Puerto Rico. Cuando empecé segundo grado, solo sabía hablar español, por lo que mi maestra me hizo a un lado y me dio un libro infantil para medir mi nivel de lectura. Primero se tomó su tiempo para explicarme cómo se pronunciaba cada letra en español y luego me pidió que leyera en voz alta. Todo comenzó a tener sentido. Ajusté mi pronunciación al español y leí pausadamente pero con confianza. Satisfecha con mi desempeño, la maestra me permitió unirme al resto de mis compañeros de clase, aunque me mantuvo en observación por si necesitaba ayuda extra, ya que aquí no había un equivalente de ESL (inglés como segunda lengua).

Mis días preferidos eran aquellos en los que la maestra sacaba la tele y nos mostraba un episodio de *NOVA*, una serie científica de PBS que desmitificaba ideas científicas y tecnológicas relacionadas con nuestra vida cotidiana. Incluso los niños que no eran aficionados a la ciencia se sentían atraídos por esta serie documental, pues tenía una forma de convertir las ideas y los hechos en historias fascinantes, creando una profunda conexión entre los espectadores y las vidas de las personas que aparecen en cada episodio, haciendo que sus experiencias fueran inspiradoras, afables y alcanzables.

Durante mis días con Benito y Gabriela comencé a alimentar aún más esta ávida fascinación por la ciencia, el espacio y la historia. El canal HISTORY se quemó en mis retinas. Había días en los que pasaba de documentales sobre la posguerra a *How It's Made* en el canal Science, que se centraba en la manufactura, la tecnología y el espacio, entre otros temas. Cada vez que un programa explicaba cómo se había fabricado algo por primera vez y cómo había evolucionado a lo largo de los años, no podía despegarme del televisor, sobre todo cuando se trataba de aviones de combate. La tecnología empleada en la construcción de estos aviones despertó en mí una pasión que no hizo más que crecer. ¿Cómo podía el bombardero B-2 Spirit —el avión más caro que tenemos hasta la fecha— volar a cualquier parte y permanecer en el aire durante largos periodos de tiempo sin tener que recargar combustible en la tierra? Me enamoré de la dificultad técnica de estos aviones —la aerodinámica, la superación de la velocidad del sonido, el funcionamiento en modo sigiloso— y necesitaba desesperadamente saber más. «Ya está», pensé un día hacia el final de la escuela primaria. «Eso es lo que quiero hacer. Quiero trabajar en esos aviones de combate o en naves espaciales». Deseaba ver de primera mano cómo las cosas pasan de un diseño en un trozo de papel a un único prototipo y luego a la producción en serie. Era una visión romántica de las máquinas. Solo veía su diseño, abstrayendo la mecánica de su propósito. Sin embargo, de niño, estos programas fueron mi puerta de entrada a un mundo que desconocía.

Un día, mami y yo estábamos en el estudio cuando Xavier y Ruth llamaron por teléfono. Miré a mi mamá y la vi hacer una mueca mientras escuchaba con atención las voces apagadas al otro lado de la línea. En cuanto colgó, se volvió hacia mí y me dijo: «Deja lo que estás haciendo. Tenemos que irnos», y nos apresuramos a cruzar la calle. Mi mamá murmuró sin aliento: «A Noemí le acaba de dar un infarto». En cuanto cruzamos el umbral de la puerta, mami fue directo a ver a Ruth para saber cómo llevaba la crisis de salud de su mamá y cómo ayudarla. Todos los demás estaban tan preocupados que me escabullí de la sala en busca de Noemí, quería ver si estaba bien. Al entrar a la habitación que habíamos compartido con ella cuando llegamos a Puerto Rico, encontré a la mamá de Ruth tendida en el suelo, con el cuerpo rígido y sin signos vitales. Salí disparando de la habitación, casi sin aliento. Sabía de la muerte por las telenovelas y los videojuegos, pero nada me había preparado para aquella escena en la vida real. El resto del día fue un mar de lágrimas, llamadas telefónicas y miradas vacías. En medio del caos, mami consiguió dejarme en casa de Niní para protegerme de las secuelas de esta muerte repentina en la familia.

Esa fue la primera vez que recuerdo a mami protegiéndome de la tormenta de los dramas de la vida. La siguiente vez que sentí que algo no iba bien fue alrededor de un año después de la muerte de Noemí, cuando Xavier se mudó solo a nuestro pequeño estudio.

Como mi mamá era tan buena amparándome, en lugar de yo registrar la agitación que reverberaba dentro de nuestra familia, me preocupaba más la molestia de tener a mi hermano viviendo con nosotros en nuestro pequeño espacio. Por otra parte, tal vez yo era el fastidio. Cuando Xavier volvía del trabajo, se sentaba en un pequeño escritorio que se había traído, encorvándose sobre su computadora, absorto en su colección de música, lo que ahora sé que era su vía de escape de la cruda realidad que era su vida en aquel momento. Mientras, yo revoloteaba a su alrededor como un satélite, intentando vislumbrar lo que hacía en aquella máquina que yo ansiaba aprender a usar. Luego me posaba en silencio en el pequeño sofá —que ahora era su cama— detrás de su escritorio y miraba por encima de su hombro. En cuanto sentía mi aliento en el cuello, se daba la vuelta, irritado, y decía: «Deja de mirar, Elio». Yo me retiraba al otro lado del estudio, hasta que la atracción se hacía demasiado fuerte para resistirla y me deslizaba de nuevo hacia el sofá, echando otro vistazo furtivo, secretamente esperando que me enseñara a usar la computadora.

Una noche, mientras los tres nos preparábamos para ir a la cama, el estruendo de pasos frenéticos seguido del gemido estridente de sirenas interrumpió nuestra rutina nocturna. Un fugitivo escaló el muro plano de hormigón de seis metros que separaba nuestro edificio de la escuela de al lado y aterrizó en nuestro patio trasero. Gritos de «¡Alto! ¡Deténgase!» atravesaron nuestras ventanas. La preocupación se apoderó de la cara de mami. De pronto alguien subió las escaleras y se estrelló contra la puerta principal en un último esfuerzo por escapar. Mami nos metió a Xavier y a mí en el pequeño y estrecho armario que había en el centro del apartamento —su escondite durante las tormentas de la isla— y cerró la puerta de un golpe cuando se oyeron disparos afuera. Apartamos los zapatos, nos agachamos en el suelo del armario y nos cubrimos las cabezas con las manos. «¡Shhh, silencio!», suplicó mami en un susurro frenético. El corazón me latía con fuerza en el pecho, el pulso rítmico era tan ensordecedor que temí que nos delatara. Durante los siguientes minutos, el tiempo se detuvo. Aguardamos con el alma en vilo dentro de aquella cueva sin luz y nos quedamos sin aliento cuando sonó un fuerte golpe en la puerta de entrada. Mami se levantó a regañadientes, abrió con cuidado la puerta del armario y echó un vistazo al apartamento. Al comprobar que no había peligro, abrió la puerta de entrada con cautela. «¿Se encuentra bien, señora?». Mami nos miró mientras nos acercábamos y luego asintió al agente. «Ya están a salvo». Mientras pronunciaba esas palabras, mis ojos flotaron hacia arriba hasta fijarse en una bala firmemente alojada en nuestra puerta. En cuanto obtuvo el título de maestra y consiguió el puesto tan esperado en una escuela pública, lo primero que hizo mami fue sacarnos de aquel estudio acribillado a balazos.

En 2003 se enviaron a Marte dos vehículos exploradores. La misión principal debía durar solo noventa sols (días marcianos), pero superó todas las expectativas: *Spirit* llegó a los seis años y *Opportunity* sobrevivió casi quince. Durante el desarrollo y ensamblaje de los vehículos antes del lanzamiento se produjeron una serie de incidentes, como los problemáticos paracaídas que se utilizarían en Marte, fallos mecánicos y errores de software. Una vez resueltos los problemas, ambos vehículos se lanzaron a Marte con tres semanas de diferencia y seis meses y medio de trayectoria por delante. Durante sus largos viajes al planeta rojo, ambos vehículos fueron alcanzados por algunas de las mayores erupciones solares jamás observadas por la NASA. Estas partículas altamente energéticas golpearon las naves y dañaron el software, lo que obligó a reiniciarlas en pleno vuelo, pero de manera extraordinariamente inusual, ambas naves sobrevivieron. Pocos años antes, la NASA había perdido el *Mars Climate Orbiter* por un error de conversión de unidades y el *Mars Polar Lander* por un problema de software. El éxito de estos dos vehículos sería crucial para la posible continuación de la exploración robótica de Marte por parte de la NASA.

Tras sobrevivir las secuencias de entrada, descenso y aterrizaje en lados opuestos de Marte, el éxito vino acompañado de nuevos traspiés que hubo que superar. Mientras exploraba las colinas Columbia, la rueda delantera derecha de *Spirit* falló y el equipo tuvo que idear un nuevo método de conducción sobre la marcha. Se acordó que, al igual que se empuja un carrito de compras con una rueda atascada, lo mejor sería conducir a *Spirit* hacia atrás arrastrando la rueda atascada. Una vez utilizado este método, *Spirit* tuvo que estacionarse en un ángulo para optimizar la captura de energía de sus paneles solares y poder encender los calefactores durante las frías noches de invierno, pero sobrevivió. Luego, durante el sol 1226, Marte sufrió una notable tormenta de polvo global que puso en peligro la misión. Los robots dispusieron de autonomía adicional para apagarse si la carga de sus baterías era demasiado baja. Al final, el polvo se disipó y los vehículos pudieron continuar su exploración. A pesar de los muchos sustos y desafíos que siguieron, y de los detractores, *Spirit* y *Opportunity* resistieron y continuaron con las exploraciones de la superficie marciana más exitosas hasta la fecha, regalándonos imágenes y mediciones científicas que nos ayudaron a concluir que la superficie y el subsuelo de Marte tuvieron una vez mucha agua líquida. Además, dejaron un legado de inspiración, perseverancia y esperanza.

Para Xavier, un día su saga terminó. Volvió a vivir con Ruth y las niñas, y su vida continuó como si nunca hubiera sido interrumpida. Sin embargo, en la mente de mami se había plantado una semilla de preocupación, alimentada por sus pensamientos acelerados. Estaba preocupada por el bienestar de Xavier, como cualquier mamá, pero su ansiedad fue creciendo poco a poco sin que nos diéramos cuenta.

Mami nunca se quejaba de los problemas familiares, laborales o económicos, pero el río incesante de estrés la asaltaba en silencio a toda hora. Aunque su salud estaba sitiada, vivir en un estado constante de vida o muerte la empujaba a seguir avanzando a ciegas, acercándola cada vez más al precipicio. Cuando uno se ha pasado la vida trabajando sin cesar para lograr apenas una migaja de éxito, lo invade una ansiedad subyacente, una voz que dice: «Si paras ahora, todo por lo que has trabajado tan duro podría desmoronarse y desaparecer en un abrir y cerrar de ojos». Esto te empuja a seguir adelante pase lo que pase. Mami priorizó mi vida sobre la suya, hasta que un día su cuerpo le dijo basta.

«Dora, tienes la cara caída», le dijo una maestra preocupada a mi mamá. Se produjo un revuelo y los que andaban por allí en la escuela corrieron a ayudarla y llamaron a una ambulancia. En el hospital, el médico confirmó su diagnóstico: «Has tenido un derrame cerebral».

Poco después entré en su cuarto y me quedé helado. La mitad de su cara parecía mantequilla derretida y su brazo izquierdo yacía inerte junto a su cuerpo; pero nadie me dijo la verdad, nadie me dijo: «Tu mamá ha tenido un derrame cerebral», ni me explicó lo que eso significaba. En lugar de eso, los adultos me dijeron que el constante cambio de temperatura entre el calor de afuera y las gélidas aulas con aire acondicionado había provocado que la cara de mami se cayera. «Pero no te preocupes», añadieron enseguida al notar mi estremecimiento, «pronto volverá a ser la de siempre». Pasé las siguientes noches entre la casa de Niní y la de Sonia mientras mami se recuperaba a paso de tortuga.

El derrame fue la primera vez que tuvo un problema de salud inducido por el estrés. Uno pensaría que le habría servido como advertencia, pero en cuanto mi mamá se sintió mejor, volvió a su forma de vivir a lo no hay descanso para el cansado. Se dedicó a los problemas de los demás, aceptando cualquier carga que le echaran. Pedir ayuda no era lo suyo, así que se refugió en su trabajo para evadir sus emociones, su clásico mecanismo de supervivencia a lo largo de los años. Ni me imaginaba que un día llegaría el momento en que me enfrentaría a las mismas tendencias de adicción al trabajo en mi propia vida, cosa que ha creado un sentido más profundo de empatía y comprensión hacia ella y sus circunstancias. Al fin y al cabo, era una mamá soltera de unos cincuenta años que hacía todo lo que estaba en su haber para mantenernos a flote y proporcionarme comida, cobijo y una educación sólida, al tiempo que se preocupaba por mi hermano. No tenía muchas más opciones que seguir adelante por su bien y por el mío. Hasta hoy, su necesidad de asegurarse de que todos tengamos lo que necesitemos para prosperar sigue prevaleciendo sobre todo lo demás, un interruptor que espero que aprenda a apagar, sobre todo ahora que, gracias a su amor incondicional, su apoyo y su sacrificio, tenemos más recursos. He aprendido que cuando no le prestamos atención a nuestro cuerpo y no pisamos el freno, el cuerpo frena por nosotros. Un año después de su derrame, mami sufrió un ataque al corazón.

Supe que algo andaba mal cuando Sonia me recogió de la escuela; eso nunca ocurría. Con gran temor, subí a su carro. Esta vez, los adultos de mi vida me dijeron la verdad. «Elio, tu mamá está en el hospital». Se me estrujó el pecho. «Tuvo un ataque al corazón». Mi cuerpo se entumeció. «Pero va a estar bien». Miré fijamente a Sonia y, con los ojos como platos, asentí mientras me daba la noticia, incapaz de pronunciar palabra alguna. Otro viaje al hospital, otro paseo por aquellos pasillos resplandecientes, otra vez ver a mi mamá agonizante e inmóvil. Luego, la disociación: todo lo que recuerdo después de aquella vez es que volví a la escuela, jugué con mis amigos e hice como si nada hubiera pasado. No podía soportar la idea de perder a mi mamá tan pronto después de sufrir el mismo miedo por su derrame.

Unos años más tarde, mientras hablaba de aquel duro momento con mi mamá, me contó que durante esa semana que pasó en el hospital, ella y Sonia habían decidido llenar los papeles de mi tutoría legal por si ella no sobrevivía. Me sentí tan conmovido y me invadió un potente sentimiento de gratitud. Sonia ya se sentía como una segunda mamá para mí, pero esto me lo había confirmado. Estaba dispuesta a acogerme como a uno de los suyos... eso jamás lo olvidaré.

El 28 de enero de 1986, el programa del transbordador espacial lanzó al cielo su misión número veinticinco: el *Challenger*. Había captado la atención mundial ya que transportaba a una maestra de escuela como pasajera turística. El turismo espacial estaba ahora al alcance del público o así se percibía hasta aquel trágico día. En el momento del lanzamiento del *Challenger*, el programa del transbordador espacial había sido criticado por sufrir constantes retrasos y exceder sobremanera el presupuesto. A pesar de la intención de hacerlos reutilizables, los transbordadores espaciales requerían importantes reformas y esos costos se acumulaban a toda velocidad. Con la participación de ciudadanos en los vuelos se pretendía aumentar la confianza del público, en especial al mostrar la seguridad y fiabilidad del programa. ¿Cómo fue posible que un acontecimiento tan prometedor saliera tan mal? Para empezar, el día del fatídico lanzamiento, las temperaturas estaban en torno a los cero grados, por debajo de la temperatura operativa mínima permitida de cinco grados. A pesar de las advertencias de los ingenieros más novatos, los directores decidieron que tenían que cumplir la agenda prevista, no se aceptarían más retrasos. El equipo directivo de la NASA dio el visto bueno al lanzamiento y se llevó a cabo a pesar de las señales de alarma.

Con apenas catorce kilómetros de altitud, dos capas de juntas tóricas fallaron en los cohetes propulsores sólidos, lo que provocó una violenta fuga de gas caliente a presión que a su vez provocó la rotura del tanque propulsor externo. La nave salió despedida hacia un lado y la presión aerodinámica hizo que el orbitador se desintegrara en el acto. Los cohetes propulsores sólidos fueron destruidos por orden del responsable de seguridad, y el tanque externo destruido y los restos cayeron al Atlántico. Se tardó semanas en encontrar el compartimento de la tripulación y se desconoce si lograron sobrevivir a la explosión inicial. Esta catástrofe es un ejemplo de que hay que respetar las normas de seguridad por encima de todo, en especial cuando hay vidas humanas en juego; demuestra que es esencial alzar la voz y que a veces puede ser necesario incomodar a otros para transmitir un mensaje. No me puedo imaginar la desesperación de los equipos involucrados, pero espero que una tragedia como esa no vuelva a repetirse en la NASA ni en ninguna de las nuevas empresas comerciales que se dedican a la exploración humana del espacio y el comercio.

Tardé años en comprender la gravedad del problema de salud de mami. Al igual que el equipo que supervisaba las operaciones del *Challenger*, ella no prestó atención a las señales de advertencia ni siguió los protocolos de seguridad. En aquel entonces, lo único que me importaba a mí era que por fin ya estaba de nuevo en casa y que ahora iba a una cosa llamada terapia, pero nadie me explicó por qué, para qué servía o qué beneficios podía tener. Pedir ayuda por problemas de salud mental seguía siendo un tema tabú para nosotros; para muchos significaba que estabas «loco», así que, en lugar de hablar de ello, se barría bajo la alfombra como una cita más en la agenda de mami. En retrospectiva, me siento súper orgulloso de ella por haber dado un paso tan significativo al buscar ayuda profesional más allá de nuestro círculo de amigos y familiares. Ir contra la corriente en una comunidad que todavía sigilosamente desaprueba estas acciones no es nada fácil, pero ella perseveró por su bien y por el mío. Al fin y al cabo, no somos máquinas, no somos invencibles, no podemos manejarlo todo solos. Aunque en aquel momento no podía comprender este sentimiento, ese fue el comienzo de mi imperiosa necesidad de tener éxito en la escuela para poder algún día cuidar de ella y darle el descanso que se merecía.

CAPÍTULO 5

A CARGAR Y SEGUIR

La dinámica que dio
forma a mis sueños

En el verano de 2005, estaba decidido a convertirme en ingeniero, así que me propuse encontrar un entorno que valorara la educación y pudiera proporcionarme una sólida puerta de entrada a las mejores universidades estadounidenses. Aunque mis años de escuela primaria pública habían sido magníficos, temía asistir a la escuela intermedia asignada a mi dirección. Tenía fama de ser un hervidero de drogas, violencia y alumnos desertores, y a mí, que me encantaba estudiar y jugar, me daban pánico las drogas, los embarazos adolescentes y la cultura de malandros. Incluso el perreo y el reguetón —que por aquel entonces se relacionaban directamente con todo lo delictivo— me agobiaban la mente. No me atrevía a desafiar el orden establecido, lo único que quería era ser un estudiante modelo.

Como profesora y licenciada universitaria, mami sabía que el camino educativo correcto podía abrirle las puertas a su hijo, por lo que, cuando saqué mi primera B en tercer grado, mami no me dijo «muchacho de mierda» entre risas, sino que me fijó una mirada fulminante y me dijo con su voz suave pero severa:

—Elio, esperaba más de ti.

Se me hundió el corazón hasta el estómago.

—Esto es inaceptable en mi casa. Por el amor de Dios, eres el hijo de una maestra. Qué vergüenza. Esto también es un reflejo de quien soy yo.

Fijé la mirada en mis zapatos y de vez en cuando levantaba la vista para encontrarme con sus ojos reprobadores, pero no dije nada. Sabía que no debía reírme desafiante ni mucho menos replicar. Ahi fue cuando me dio el golpe final:

—Nada de Game Boy durante un mes.

Quería protestar. Mami nunca tenía que regañarme para que hiciera la tarea, me parecía tan injusto. Quería defenderme e insistir en que me redujera la pena, pero cualquier queja habría llevado la situación a un chancletazo, así que me mordí la lengua, le entregué la Game Boy y acepté la sentencia. Ella siempre había dejado muy claro que volver a casa con algo que no fuera una A era inaceptable; ahora sabía que lo decía en serio. A partir de ese momento, me esforcé por no volver a bajar de una A... Mi siguiente B no llegaría hasta más de una década después.

Seguía pasando los fines de semana en casa de Sonia y Robert, y los programas que veía en el canal HISTORY no hacían más que inspirarme para mejorar en la escuela y poder convertirme algún día en uno de esos ingenieros. Mami quedó feliz al descubrir que el director de uno de los colegios en los que trabajaba conocía al director del Colegio Católico Notre Dame. En vista de lo mucho que apreciaba a mami, el director de su colegio estaba dispuesto a recomendarme, pero el resto lo tendría que lograr por mi cuenta.

El Colegio Católico Notre Dame es una excelente escuela privada, una puerta de acceso comprobada a algunas de las mejores universidades de Estados Unidos. El director me dijo que me tendrían en cuenta siempre que tuviera buenas notas. ¡Hecho! Para poder pagar los estudios, nos ofrecieron una matrícula mensual reducida, una cantidad que mi mamá podía permitirse. ¡Así que estaba oficialmente aceptado! Me inundó una enorme sensación de alivio. La idea de ir a la escuela intermedia local había disparado mi ansiedad a niveles que no había sentido desde que pensé que tendría que ir a segundo grado en el edificio con los niños más grandes en East New York.

Una vez que todo quedó arreglado y fui inscrito, mami dio un paso más y le habló a este director sobre mi amigo Jan Josué, explicándole lo buen estudiante que era y que él también merecía una oportunidad. ¡Y lo aceptaron! Sentíamos que habíamos tocado el cielo con las manos, porque eso significaba que podríamos seguir juntos y ayudarnos mutuamente en ese nuevo mundo de la escuela privada que nos era tan ajeno.

Así empecé séptimo grado, el año en que comencé a trazar mi futuro. Aunque iba armado de confianza en mí mismo a nivel académico —casi al borde de la arrogancia— y no veía la hora de enfrentarme a los rigores educativos que se avecinaban, el primer día en Notre Dame fue un ostentoso shock cultural. Pasé por delante de una larga fila de vehículos de lujo que entraban a la escuela para dejar a los chicos, con mi improvisada mochila rodante (básicamente había agarrado mi vieja mochila de primaria que el alcalde nos había regalado a los niños de la escuela pública el año anterior, y la había atado con un par de cuerdas elásticas a un pequeño carrito plegable que me había comprado mami), y enseguida noté a todos los niños que entraban con mochilas lujosas fuera de mi alcance. Recuerdo haber oído algunos comentarios al principio: «Ay, es demasiado débil para llevar sus propios libros». «Cómprate una mochila de una vez». Las mochilas rodantes eran cosa del pasado en la escuela media, totalmente fuera de moda, pero la habitual pila de libros era demasiado pesada para que mi delgado cuerpo pudiera cargarla. Los dolores de espalda ya me habían aquejado en sexto grado, así que, a mi parecer, la practicidad era más importante que la moda. Además, no podíamos permitirnos el lujo de una mochila de verdad: la lógica pudo más que la vergüenza. Cuando me dirigí hacia mi primera clase del día, noté que varios niños se daban largos abrazos y se ponían al día sobre sus aventuras veraniegas. Muchos habían ido a la misma escuela primaria, así que ya tenían amigos y se habían formado grupos. Yo solo conocía a Jan Josué, pero por suerte no me costó mucho hacerme amigo de gente nueva y pronto armé mi propio grupo de amigos, muchos de los cuales conocí a través de Mara, mi primera amiga en esa escuela, y en mis clases de colocación avanzada.

Uno de los únicos momentos en que me sentía excluido era cuando los niños adinerados exhibían sus dispositivos como símbolos de estatus. Parecía que todo el mundo a mi alrededor presumía de un flamante Motorola Razr, mientras que yo sólo tenía un celular con tarjeta prepaga de Virgin Mobile con el equivalente a veinte dólares que mami me había comprado para mi seguridad y su tranquilidad. La practicidad era una necesidad; la popularidad, no. No le di mucha importancia hasta que empezó la escuela y me di cuenta de que los teléfonos eran algo más que dispositivos para llamar o enviar mensajes de texto o jugar al ajedrez. Las redes sociales estaban por convertirse en una forma generalizada de comunicación y, aunque aún no lo sabíamos, el equivalente a los «me gusta» y los comentarios ya estaban empezando a aparecer. Con el Razr, mis compañeros podían sacar fotos y vídeos fácilmente y compartirlos con otros Razr a través de Bluetooth. Un subidón de dopamina recorría la clase cuando esto ocurría: «¿Has visto el vídeo que está compartiendo Carlos?». «¿Has visto la foto de nosotros en la celebración antes del partido?». Había grupos de chat, grupos de eventos y me enteraba de todo por el boca a boca. El FOMO (miedo a perderse algo) me golpeó duro ese año.

Para los que no teníamos acceso a lo último en tecnología —la nueva Xbox, PlayStation o iPod—, sentirnos excluidos era algo normal y agotador. No podía seguir las historias de los juegos a los que nunca había jugado, así que a menudo me resultaba difícil relacionarme con un grupo concreto de personas, lo cual era complicado a esa edad. Quería caer bien; quería encajar; quería que las chicas bonitas se fijaran en mí; quería que me invitaran a fiestas, eventos y partidos, pero muchas cosas estaban fuera de mi alcance. Aunque eso me mantenía anclado en mi estatus socioeconómico, nunca me quejé ni con mami ni con nadie. Había estudiado mucho para ganarme un lugar en esa escuela, y mami estaba trabajando sin cesar para brindarme esta oportunidad, así que quejarme por no tener el dispositivo de última generación no me parecía bien. En todo caso, la situación me empujó a centrarme en mi camino y a seguir sobresaliendo en el único elemento igualador de la escuela: el aula. Era el único lugar donde todos teníamos acceso a los mismos libros, tareas y profesores. Íbamos a las mismas clases. Estábamos en el mismo campo de juego: ningún dispositivo nuevo podía hacer que alguien estudiara más o aprobara una asignatura. Yo no me centraba en el presente, sino en el futuro: sabía que una educación superior acabaría abriéndome las mismas puertas a las que ya tenían acceso mis compañeros, y que esa sería mi oportunidad de mejorar mi estatus socioeconómico más adelante en la vida. Con el paso de los meses, sobresalí a nivel académico y forjé amistades en este entorno con personas que siguen siendo mis compañeros de viaje hasta el día de hoy.

Tras adaptarme al choque cultural inicial y encontrar a mi gente en la escuela, me sentí genuinamente feliz en Notre Dame. También fue la primera vez que me sentí desafiado en la escuela a nivel académico. Algunos de los profesores eran duros con nosotros, pero yo me lo tomaba como algo que me ayudaba a mejorar mis habilidades, lo cual me permitiría llegar a una universidad de renombre con el resto de mis compañeros y convertirme en ingeniero. Estaba en mi salsa; sentía que pertenecía a ese lugar.

Durante uno de mis recientes viajes a Puerto Rico, me encontré con uno de mis antiguos compañeros de la escuela primaria que había vivido en los caseríos cercanos. Mientras yo estudiaba en Notre Dame, él no tuvo más remedio que asistir a la temida escuela intermedia pública que yo había querido evitar a toda costa; mientras yo estaba inmerso en el aprendizaje y aspiraba a conseguir más, él se vio involuntariamente arrojado a un mundo de narcotraficantes, altas tasas de adicción y niños que morían en las calles en busca del control del territorio. La falta de pertenencia en estas circunstancias no solo llevaba a sentirse excluido o a sufrir acoso escolar; también podía conducir a la muerte. Cayó víctima de este entorno desgarrador y perdió el rumbo durante un tiempo, pero desde entonces logró reunir la fuerza y la resiliencia necesarias para salir de ese oscuro agujero y forjarse un camino mejor, sin recursos, sin ayuda, sin apoyo. Ahora tiene una hermosa familia, un trabajo estable como mecánico, que le encanta, y se encuentra en paz. Pero muchos otros de su clase no tuvieron la misma suerte. Solo un puñado de mis amigos de la escuela primaria y yo conseguimos obtener títulos universitarios y las carreras con las que habíamos soñado de niños, pero no fue solo por nuestra destreza académica: todos tuvimos ayuda en el camino.

En el verano de 2006, entre séptimo y octavo grado, me apunté a un campamento de verano organizado por Notre

Dame en el que enseñábamos manualidades a los nenes más pequeños que vivían en los caseríos (también conocidos como residenciales) de la zona. Yo había ido a la escuela primaria con niños de los caseríos y recuerdo haber mirado por la ventanilla de la guagua escolar a algunas de las personas que estaban en las esquinas, preguntándome: «¿Por qué están tiradas en la acera?». Más tarde, mami me explicó que probablemente eran drogadictos. Había miedo en su voz y a continuación me agregó una advertencia: «Nunca debes ser como ellos». Esa fue la primera vez que me presentaron este concepto. En retrospectiva, habría sido mejor que el tema se tratara de otra manera: la sociedad les había fallado. En vez de tener miedo de ser como ellos, deberíamos hacer algo para ayudarlos a ellos y a sus familias. Este campamento de verano fue mi primer paso en esa dirección.

Conocía las limitaciones que sufrían estos nenes, como no poder jugar libremente al aire libre por motivos de seguridad. Ya lo había vivido en East New York. Aunque estaba estudiando en Notre Dame, seguía perteneciendo a un grupo socioeconómico bajo y, en muchos aspectos, me sentía más identificado con los chicos del campamento de verano que con algunos de mis compañeros de clase; al final del día del campamento, a mis compañeros los recogían sus padres en Lexus y BMW mientras yo me iba caminando a casa. Al fin y al cabo, vivía a pocos minutos de los caseríos. Como resultado de todo esto, tenía muchas ganas de estar ahí, ayudando a mi gente, dándoles a estos nenes un respiro de sus duras vidas y de las responsabilidades que tenían que cargar a tan temprana edad:

quería mostrarles lo que había más allá de esos muros, de esas cuadras; quería ayudarlos a conectarse con su creatividad e incluso a olvidarse de todo durante unas horas y divertirse como niños.

A medida que pasaban esos largos días de verano, vi florecer a algunos de esos nenes temerosos y retraídos. Sus ceños fruncidos se transformaban en amplias sonrisas tras terminar un proyecto de arte o manualidades, una sensación de logro que luego podían llevarse a casa y compartir con sus familias... un rayo de luz positiva en sus sombrías circunstancias. Fue entonces cuando realmente empecé a descubrir el poder de dar. Un acto de bondad puede cambiar el día de una persona; una mano amiga puede cambiar la actitud de una persona; un programa de ayuda puede cambiar el curso de la vida de una persona.

La primera misión dedicada exclusivamente al estudio de los métodos de defensa de la Tierra contra un asteroide o un cometa es la Double Asteroid Redirection Test (prueba doble de redirección de asteroides, o DART, por sus siglas en inglés). Esta misión, lanzada el 24 de noviembre de 2021, fue diseñada para estudiar el asteroide Didymos y su asteroide lunar Dimorphos. DART chocó con éxito contra su objetivo, Dimorphos, el 26 de septiembre de 2022, y las imágenes que recibimos no se parecían en nada a lo que habíamos visto antes. En el momento de escribir estas líneas, la nave espacial LICIA-

Cube que sigue a DART y que es gestionada por la Agencia Espacial Italiana, aún no ha terminado de descargar las imágenes que proporcionarán detalles adicionales del impacto. Una prueba concluyente de cualquier cambio de velocidad de Dimorphos, que es lo que se necesita para desviar una trayectoria, será otro éxito de la misión. El objetivo es disponer de un método eficaz en caso de detectar un asteroide o cometa en trayectoria de colisión con la Tierra. Si se concluye este desvío de velocidad, podrá añadirse una misión similar a DART a nuestra caja de herramientas para proteger el planeta.

Misiones como DART son un recordatorio de que la colaboración internacional en operaciones espaciales complejas añade un valor increíble al bienestar global y a la seguridad de nuestra civilización. Si en el futuro colaboran más naciones, otras iniciativas seguirán rompiendo barreras en las tensiones geopolíticas.

Cuando Xavier y Ruth anunciaron que se mudaban a Florida, agarraron desprevenida a mami. Ellos habían sido la razón por la que nos habíamos quedado en Puerto Rico, y con su partida, algo empezó a cambiar en ella. Nos mudamos a la casa de Xavier y Ruth en Caguas después de que se fueron a Florida y pasamos de la quisquillosa conexión telefónica de internet a la bella fluidez de la banda ancha, que me permitió mantenerme en contacto con mis amigos a través de MSN Messenger y jugar a *RuneScape*, un juego interactivo basado en misiones que tienen lugar en un mundo mágico donde tu avatar caballero se enfrenta a dragones y criaturas chifladas y recoge objetos valiosos. Lo innovador era que mis amigos y yo podíamos jugar juntos y chatear a través del juego, lo que lo convertía en una herramienta social en nuestro grupo. También demostró que la tecnología, como la educación, tiene el poder de igualar ciertas condiciones en la vida, otra razón por la que es imperativo hacer que la tecnología sea más accesible para todos.

En esos seis años, Puerto Rico se había convertido en mi hogar. Incluso tuve mi primer flechazo: Andrea y yo nos habíamos hecho amigos en séptimo grado; teníamos las mismas clases, almorzábamos juntos y salíamos mucho, pero no había sentido nada más por ella hasta que la volví a ver en el otoño de 2006. Para ese entonces no sabía qué demonios era el amor. Solo tenía trece años y muy pocos ejemplos de romance fuera de la historia de mis abuelos y las telenovelas. Sin embargo, había algo en ella que me parecía estimulante y lo único que deseaba era pasar más tiempo a su lado.

Mientras tanto, yo no tenía ni idea de cómo mami se estaba desvinculando de la isla. A pesar de sus esfuerzos por encajar —entrando en el sistema escolar público con humildad a pesar de haber alcanzado el rango de directora en Ecuador; adaptándose lo mejor que podía a sus nuevos amigos puertorriqueños, ruidosos y bulliciosos, que contrastaban enormemente con sus raíces ecuatorianas, más reservadas—, seguía sintiéndose como una extranjera, y con razón. Por mucho que me guste Puerto Rico, puede ser un lugar complicado para los inmigrantes. Su compleja historia como territorio no incorporado de

Estados Unidos inspira tendencias nacionalistas; ese nacionalismo, que se traslada a la vida cotidiana, es una reacción a las circunstancias de la gente, una forma de sobrevivir al limbo en el que viven, donde el territorio no es ni un estado de Estados Unidos ni un país independiente. Cuando la situación se complicó y mi hermano se vio envuelto en problemas legales —en los que no tenía nada que ver—, los colegas de mami enseguida la empezaron a tratar como extranjera y comenzaron a difundir rumores por toda la escuela de que ella estaba metida en negocios turbios. Nada más lejos de la realidad, pero cuando los rumores empiezan a circular, es difícil detenerlos.

En realidad, no sufrí ninguna de estas discriminaciones porque era lo suficientemente joven como para haber asimilado la cultura y el acento, a diferencia de mami, que sobresalía como inmigrante con su cadencia ecuatoriana, modales suaves y comportamiento tranquilo. Es difícil explicar lo que mueve a la gente y por qué hace todo lo posible para que alguien se sienta como si no perteneciera a su entorno, pero poco a poco fue minando la fortaleza de mi mamá hasta que un día se hartó.

Ocurrió en octubre de 2006. Mami me sentó y me dijo las palabras que esperaba no volver a oír nunca más: «Elio, nos vamos». Se me hundió el estómago. «Las cosas están empeorando y puede que pronto se vuelvan insostenibles para nosotros. Volveremos a Nueva York. Tu tío tiene espacio, así que viviremos con él». Mientras ella seguía explicando que yo estaría bien, que encontraríamos un buen colegio para que siguiera creciendo mi nivel académico, una abrumadora sensación de derrota nubló mis sentidos. Pensaba que habíamos logrado echar raíces; yo me sentía arraigado. Me había estado yendo súper bien en la escuela, tenía un grupo de amigos increíble y una visión clara de lo que sucedería en los próximos cuatro años. Pero su declaración lo borró todo como una tormenta supercélula: «¿Cómo pudo tomar esa decisión sin mí?»; la falta de control sobre la situación me enfureció. De repente me enfrentaba a un futuro desconocido, uno que no quería, uno que nunca había pedido. Mis pensamientos se precipitaron hacia mis amigos, la familia que había elegido, mi nuevo amor. Me estaba ahogando en los «y si...» de todo aquello, esperando que solo fuera una pesadilla.

El resto del mes fue un poco sombrío. Mis amigos quedaron en estado de shock cuando les di la noticia de mi inminente partida. Intentamos aprovechar al máximo el poco tiempo que nos quedaba juntos, pero el tiempo se vio envuelto en una densa niebla que no se disipaba. Para despedirnos, decidimos encontrarnos en nuestra feria navideña anual. Antes, me reuní con tres de mis mejores amigos —Pedro, Andrea y su mejor amiga, Fabiola— en casa de Andrea para comer algo y tomarnos unas últimas fotos, y luego nos reunimos con el resto del grupo en la feria. A pesar de la inminente partida, ya había aceptado el resultado y seguía presente, disfrutando hasta el último minuto de celebración con mis amigos.

Esa misma noche, Andrea me llevó a un lado y me hizo un regalo de despedida: un collar del que colgaba una banderita de Puerto Rico como un amuleto. Me lo puse hasta que se rompió la cadena, y aún conservo el amuleto. Ese mismo día, mi maestra de Salud hizo que todos reunieran unos cuantos dólares para regalarme un juego de Pokémon. También recibí tarjetas individuales con dulces mensajes que aún conservo. Intercambiamos números de teléfono y cuentas de MSN y prometimos seguir en contacto. En aquel momento no me di cuenta de que nuestra conexión podría haberse esfumado fácilmente sin la llegada de las redes sociales, pero para nosotros ya era algo natural. Así, con un peso de plomo en el corazón y lágrimas en los ojos, me despedí de mi primer verdadero círculo de amigos.

Un día antes de partir, Jan Josué y su mamá vinieron a casa. Su mamá me dio un juego de *Final Fantasy* como regalo de despedida, que yo hubiera devuelto sin pensarlo si eso significaba que podía quedarme en Caguas. Y entonces Jan Josué soltó el último golpe emocional. Se me acercó y me entregó una caja que contenía todas sus cartas de Yu-Gi-Oh!, con las que solíamos pasar horas jugando juntos y en torneos, con las que nos obsesionamos cuando éramos niños. Al darme sus cartas, me regaló nuestra infancia.

Al día siguiente, el 6 de diciembre de 2006, mami y yo estábamos sentados junto a la puerta de embarque en el Aeropuerto Internacional Luis Muñoz Marín, esperando tomar el vuelo que nos llevaría de regreso a Nueva York. Miré por una ventana cercana hacia El Yunque, un bosque nacional, y me puse a llorar desconsoladamente, como las lluvias torrenciales que caen sobre mi amada isla. Por mucho que entendiera el razonamiento de mami, no podía evitar sentirme incomprendido por ella. No estaba enojado; estaba desconsolado y dolido; sentí que me estaba cortando las alas.

Después de años escuchándola predicar sobre la importancia de una educación sólida y un camino claro hacia la universidad, ahora de pronto estábamos regresando al punto de partida. Yo ya no tenía una visión clara de lo que podía venir después y eso me sumió en un estado de ansiedad, aflicción y profunda angustia. Pasé ese vuelo de cuatro horas inmerso en mis juegos, sin querer entablar conversación alguna con mami, ahogándome en mis circunstancias como un pájaro herido que no sabe si alguna vez podrá nuevamente ascender y remontar el vuelo.

CAPÍTULO 6

DESAFIAR LAS CONDICIONES INICIALES
Más resistente de lo esperado

asta la fecha, solo trece hispanos o personas de origen hispano han viajado al espacio. Superaron obstáculos increíbles para lograr lo que muchos pensaban que no sería posible desde una perspectiva social y técnica. José Hernández pasó de trabajar en granjas durante la secundaria a convertirse en astronauta en 2009, después de ser rechazado once veces por el programa de formación de astronautas. Franklin Chang-Díaz se convirtió en el primer hispano en volar bajo bandera estadounidense en 1986. Nacido en 1950 en Costa Rica, de papá inmigrante chino y mamá costarricense, emigró a Estados Unidos para terminar la secundaria y se licenció en Ingeniería Mecánica en la Universidad de Connecticut, para luego realizar un doctorado en Física del Plasma en MIT. El doctor Chang-Díaz ha participado más de sesenta y seis días en el programa del transbordador espacial y fundó la empresa Ad Astra Rocket Company para desarrollar motores de propulsión eléctrica de alta eficiencia que puedan utilizarse en el futuro para viajes interplanetarios. Y la doctora Ellen Ochoa, en 1993, se convirtió en la primera mujer hispana en volar al espacio. Ella es estadounidense de tercera generación criada en el sur de California. No puedo dejar de imaginar los retos que tuvo que superar como mujer, sobre todo al empezar su carrera, para establecer su autoridad técnica a lo largo de sus muchos años en STEM (ciencia, tecnología, ingeniería y matemáticas). Ahora es experta en sistemas ópticos y posee varias patentes relacionadas con eso. No solo es astronauta, sino que también tiene una increíble carrera de gestión y ahora es la primera hispana y la segunda mujer en liderar el Centro Espacial Johnson de la NASA como directora de laboratorio.

Estos son solo algunos breves detalles de las inspiradoras historias de conocidos ingenieros espaciales hispanos. Hoy somos cientos en el sector y, al igual que los que nos precedieron, nos aseguramos de seguir abriendo las puertas de par en par para las próximas generaciones.

Llegamos a Nueva York en la cúspide del invierno en 2006, cuando las largas y borrascosas noches se comían las preciadas horas del día. Esta vez nos recibieron mi tío Óscar y su mujer, Jenny, en su casa de tres habitaciones en Mill Basin, Brooklyn.

Mami dormía con mi tía Miriam, que también vivía allí en aquel entonces, en la habitación de invitados en el piso de arriba. Yo dormía en un colchón inflable en la sala de estar de abajo con el perro de la familia, una *cocker spaniel* llamada Gringa. A menudo miraba *American Ninja Warrior, George Lopez* y *The Fresh Prince of Bel-Air* en la tele hasta quedarme dormido. Para aquel entonces, mis alergias se habían calmado y podía disfrutar de la compañía de Gringa sin sufrir un ataque de asma. Por la mañana, llevaba el colchón inflado a la habitación de mami y lo dejaba allí hasta que llegaba de nuevo la hora de dormir. A medida que pasaban los días, mis labios se empezaron a secar por el frío helado y terminaron agrietados y sangrando como mi corazón. Me conectaba con mis amigos por internet, pero las conversaciones estaban teñidas por el hecho de saber que ahora nos separaban más de mil kilómetros.

Como no teníamos ropa de invierno para abrigarnos, mi tío me regaló una sudadera con capucha y poco después mi tía me compró una chaqueta verde de Lands' End que usé durante varios años. Más o menos una semana después de nuestra llegada, mi tía Pilar pasó a recogerme y me llevó inocentemente a ver a Papá Noel a un centro comercial, como si a los chicos de secundaria les encantara Papá Noel. Entonces me di cuenta de que seguía viéndome como el mismo nene de hacía siete años. Nos esperaba un largo camino de readaptación y reencuentro.

Todavía vivía en español en mi cabeza, a menudo me sorprendía diciendo «Con permiso» en una tienda en lugar de «*Excuse me*». Me mordía la lengua para resistirme a saludar a la gente por la calle. Los abrazos que me ofrecían los conocidos en lugar de un beso rápido en la mejilla me desconcertaban. Echaba de menos mi isla: soy boricua aunque naciera en la luna... aunque nací en Ecuador. Hablo español como un puertorriqueño y sé dónde comer el mejor pan sobao de la zona. De repente, ya no era percibido solo como «Elio». Era diferente. Era extranjero. Era un inmigrante. ¿Era esto lo que mi mamá siempre había sentido? Quizá ahora me tocaba a mí enfrentarme a un *round* en la batalla continua de cómo me perciben los demás frente a quién soy yo.

Como yo andaba tan taciturno y apático, fue mami quien dirigió los esfuerzos para encontrar mi próximo colegio. Conscientes del prestigio de Notre Dame, primero intentamos encontrar un refugio educativo comparable. Pero cuando nos enteramos de que la matrícula de la escuela privada ascendía a decenas de miles de dólares y de que no ofrecía becas, tachamos enseguida esa idea de nuestra lista. En busca de una solución rápida, mami decidió matricularme en la escuela pública local Roy H. Mann IS 78 para que terminara octavo grado y pudiéramos aprovechar esos meses para decidir a qué escuela me trasladarían para cursar la secundaria.

Visitamos Roy H. Mann unos días antes del comienzo del semestre de primavera. Mami y yo explicamos minuciosamente mi situación, el tipo de escuela de la que procedía, el rigor académico al que estaba acostumbrado, pero nada de eso pareció importar: decidieron a ciegas colocarme en el escalón intermedio de su estructura de tres niveles. En cada curso, los mejores estudiantes estaban en el nivel superior, que en esta escuela estaba compuesto en su mayoría por niños blancos; el nivel intermedio era para los que no llegaban al nivel superior pero eran mejores que la media, y contenía un grupo más diverso de estudiantes; y el nivel inferior era donde se colocaba a la mayoría de los niños negros y donde permanecían independientemente de sus méritos. Dentro de cada nivel había grupos superiores e inferiores. A mí me colocaron en la parte inferior del grupo intermedio. «No sería justo para los demás alumnos, que se han esforzado tanto, que te colocáramos en el nivel superior desde el principio», nos dijeron en la oficina de la escuela. Mis calificaciones eran irrelevantes. Volví al principio: era el recién llegado, el que los demás veían como un extranjero de un país hispanohablante. Hablaba inglés con fluidez y venía de Puerto Rico, un territorio estadounidense, así que ¿por qué no merecía las mismas oportunidades que los mejores estudiantes locales? ¿Por qué esta escuela era capaz de socavar todo mi esfuerzo y mi éxito académico?

El primer día de clase enseguida me sentí fuera de lugar. Los alumnos no prestaban atención, no parecían preocuparse de entregar los trabajos a tiempo o no los entregaban en absoluto, interrumpían a los profesores todo el tiempo y les faltaban al respeto. Yo los observaba estupefacto. En Puerto Rico, podíamos hablar pendejadas y ser un poco revoltosos a veces, pero había una línea que sabíamos que no debíamos cruzar nunca; esa línea no existía aquí. Una tarde nuestra maestra de Matemáticas rompió a llorar tras perder el control de sus alocados alumnos. Ese puesto cambiaba de maestro cada dos por tres.

Mientras que las matemáticas me resultaban súper fáciles, luché por ponerme al día con todas mis otras clases, y enseguida me di cuenta de que Geociencia sería la más desafiante de todas, y no en el buen sentido. En el semestre anterior ya se habían tratado temas que iban a profundizarse durante este semestre y, sin esos conocimientos, estaba bastante perdido. A medida que pasaban las horas, iba arrastrando los pies a cada clase con una frustración que solo se intensificaba y, para el final del día, en cuanto vi a mi mamá esperándome afuera, rompí en un río de lágrimas. Al darse cuenta de mi angustia, la maestra de Geociencia, una inmigrante rusa, se acercó a nosotros y me dijo: «Te comprendo. Yo también tuve que dejar mi país cuando tenía más o menos tu edad y recuerdo bien la sensación de desolación». Asentí con la cabeza en agradecimiento, pero seguía inconsolable. Mami dijo en voz baja: «Gracias», mientras nos dábamos la vuelta para volver a casa juntos, lado a lado.

A principios del siglo XX se pensaba que en Marte podía haber una civilización extraterrestre que podría comunicarse con nosotros a través de las nuevas radios de gran difusión. Tras observar el planeta con telescopios, los astrónomos se dieron cuenta de que eso estaba lejos de la realidad, pero empezaron a plantear la hipótesis de que en algún momento debió de haber agua, ya que las formas se parecían a las de nuestros lagos y ríos en la Tierra. En la década de 1960, la NASA envió las Mariners, naves espaciales en órbita y de sobrevuelo que nos proporcionaron las primeras fotos reales de Marte. En 1976, la NASA hizo aterrizar en la superficie las naves *Viking 1* y *Viking 2*, que realizaron algunos experimentos básicos para determinar si existía vida en la superficie de Marte; sus resultados no fueron concluyentes, pero los científicos sabían que este no sería el final del camino. La NASA tardó más de veinticinco años en volver a la superficie de Marte con la estación base *Pathfinder*, que en 1997 aterrizó el rover *Sojourner*, bautizado así en honor a la abolicionista y activista por los derechos de la mujer, la estadounidense Sojourner Truth. El *Sojourner* ayudó a la NASA a desarrollar los métodos de operación de rovers para Marte. También obtuvo imágenes de piedrecitas redondas que sugerían la existencia de agua, determinó el polo exacto de rotación de Marte mediante radioseguimiento, obtuvo imágenes de nubes de hielo a primera hora de la mañana y caracterizó las fluctuaciones de temperatura de la atmósfera. Cada misión en Marte ha ayudado a la NASA y a la comunidad científica a comprender cada vez mejor el planeta rojo, al igual que cada experiencia educativa ha contribuido a forjar mi camino con una empatía y comprensión crecientes hacia mí mismo y hacia las personas de diferentes proveniencias.

Mis lágrimas se convirtieron en algo habitual en las semanas siguientes. El detonante: los aviones. Me sentaba en mi pupitre junto a la ventana y miraba al cielo, deseando, rezando para que solo fuera una pesadilla, y cada vez que veía pasar un avión, sollozaba. Esa máquina metálica en el cielo tenía el poder de arrancarme de aquel tormento y devolverme a mis amigos, a mis antiguos compañeros y maestros, a mi vida real. Sin embargo, cada día que pasaba, esa antigua vida se desvanecía en la sombra de la nueva.

Un día, algunos de los chicos se burlaron de mí por llorar en clase, por ser extranjero, pero yo me limité a fulminarlos con la mirada y a gritarles: «¿Qué hacen?». Sus sonrisas se desvanecieron y la clase se sumió en un silencio absoluto. «Mano, sí, claro que quiero volver», añadí con fuerza. Conscientes de que mi sufrimiento iba más allá de cualquier reacción que pudieran provocar sus comentarios sarcásticos, después de aquel día, me dejaron en paz.

Aunque Mill Basin es un barrio pudiente, muchos de los niños que iban a mi escuela venían en autobús desde Flatbush y caseríos cercanos. Muchos de ellos no tenían un entorno de apoyo fuera de esas cuatro paredes. La vida les había destrozado la inocencia, empujando a nenes de trece años a actuar como adultos: venían a la escuela jactándose de su vida de gánsteres, de las armas que manejaban, de las chicas que se tiraban o las que dejaban embarazadas, y mi ingenua mandíbula se desencajó de incredulidad. ¿Qué estaba pasando? ¡Solo teníamos trece años! Ese lugar era otro mundo: un puño en las tripas y un baldazo de realidad, como mínimo. Ya no estaba en la burbuja de una escuela católica de Puerto Rico; estaba viviendo la crudeza de las calles de Nueva York en mi propia clase. Tenía que endurecerme.

A medida que pasaron los días, comencé a buscar posibles amigos en la escuela y enseguida me sentí atraído por otros marginados. Alex era puertorriqueño, pero había crecido en Brooklyn. Era acosado en el colegio porque tenía un brazo pequeño que no se había desarrollado del todo, pero ponía cara de valiente e intentaba que lo que dijeran los demás se le resbalara. Fue uno de los primeros nenes con los que almorcé y acabamos siendo amigos. Luego Clifford y Jeffrey, muchachos nerds negros, empezaron a unirse a nosotros en el almuerzo. También me hice amigo de otros estudiantes, como Adisa, nacido en Guyana de papás inmigrantes, pero que se había mudado a Estados Unidos con ellos de pequeño, como yo. Alex, Clifford y Jeffrey se convirtieron en mi grupo principal ese semestre. Luego estaban Nikita, un chico ruso, y Michael, un chico italoamericano, que me enseñaron a jugar al *handball* y con quienes me divertí por un tiempo durante el recreo, hasta que empecé a darme cuenta de que las cosas que me retaban a decir o hacer, y con las que yo inocentemente les seguía la corriente, eran muy poco favorecedoras y bien estúpidas: como la vez que me convencieron de que usara la palabra que empieza con «n» en inglés cuando yo no era consciente en absoluto del peso que tenía. Como ellos y otros niños que no eran negros la usaban tan libremente en aquella época, pensé que estaba bien, pero solo revelaba una clara laguna en mi comprensión del racismo y la justicia social, temas de los que rara vez se hablaba en Puerto Rico por aquel entonces. Después de que se rieran de mí repetidas veces, empecé a tomar conciencia de sus travesuras y, a partir de entonces, los mantuve a distancia.

La otra cosa que me diferenciaba del resto de mis compañeros era mi sentido del estilo, o más bien su ausencia. Había pasado los últimos seis años de mi vida escolar vistiendo uniforme cinco días a la semana, lo que significaba que no tenía que preocuparme por la ropa y tampoco le daba demasiada importancia ahora. Además, como dormía en la sala de estar de mi tío, no tenía mucho espacio para guardar nada que se asemejara a un vestuario variado. Empecé la escuela con un par de sudaderas, dos pantalones que mami y yo habíamos comprado en una tienda de segunda mano, la chaqueta verde de Lands' End que me había regalado mi tía, que me abrigaba bien, y uno o dos pares de zapatos. No le di importancia a nada de esto hasta que un día un patán que se hacía el coleccionista de tenis empezó a burlarse de mí.

—¡Solo tienes un par de zapatos! —exclamó delante de la clase tras darse cuenta de que siempre tenía puesto el mismo par.

—Sí, ¿y qué? ¿Cuál es tu problema? —le grité. Por suerte, no entendía la cultura de los tenis, así que el comentario se me resbaló. Ellos se preocupaban por ese símbolo de estatus, mientras que a mí lo único que me importaba era que me fuera bien en la escuela. Acepté mi otredad; sabía que era diferente en más de un aspecto, sobre todo en lo académico. Esta arrogancia me permitió seguir adelante y mantener la vista puesta en igualar el campo en mi futuro a través de mis notas de hoy.

Una mañana, un compañero de clase se fijó en el collar con la bandera de Puerto Rico que me había regalado Andrea, que colgaba fielmente de mi cuello. Se acercó a mi pupitre y empezó a hablarme.

—Te lo compro.

—No —respondí.

—¿Y si te ofrezco más dinero? —dijo, queriendo sacarme de quicio.

—No va a suceder.

—Te daré mi PSP por él.

—Pana, ya te dije que no. ¡No está a la venta!

Echaba de menos mi barrio; echaba de menos a mis amigos; echaba de menos a Andrea; echaba de menos mis fines de semana en casa de Sonia; echaba de menos salir con Niní; esa bandera puertorriqueña me mantenía conectado a todos ellos.

Durante la última hora de clase teníamos Arte con mi maestra favorita de la IS 78, una mujer blanca de mediana edad con pelo corto rizado y gafas, se dio cuenta de que estaba destrozado a nivel emocional, pero también de que era brillante, a pesar de las dificultades para ponerme al día en mis clases. Enseguida comprendió que yo no pertenecía al nivel en el que me había colocado la escuela, así que los días que me quedaba atrás para ayudarla a limpiar, me hablaba de las distintas secundarias que debía considerar y, sin querer, se convirtió en una consejera mucho mejor que el que me habían asignado.

Como ya iba retrasado en la carrera de solicitud de ingreso a las secundarias de Nueva York, había empezado a trabajar con mi consejero, un caribeño negro, a principios del semestre. Al igual que ocurría con la universidad, los estudiantes comenzaban el proceso de solicitud de ingreso a las secundarias especializadas en otoño y solían recibir las cartas de aceptación en invierno, pero yo había perdido esta oportunidad crucial. Eso me dejó con la «lista suplementaria de escuelas», las que sobraban, las que aún tenían algunas plazas por cubrir. Sin saber muy bien por dónde empezar, decidí filtrar las posibilidades en función de sus nombres; si tenían «técnico» o «aviación» en su nombre o sonaban como escuelas STEM de alguna u otra manera, entonces clasificaban a la siguiente ronda. Pero no sabía exactamente qué buscar ni qué preguntas hacer, como si ofrecían clases de colocación avanzada (AP, por sus siglas en inglés), si tenían un proceso de acceso a la universidad o si contaban con un programa de robótica. Aparte de la orientación de mi maestra de Arte, estaba casi que deambulando a ciegas. Al final, reduje mi lista a cinco escuelas que me parecían sólidas para mí, las que me mantendrían en el camino que había iniciado para poder unirme a mis viejos compañeros de Notre Dame en una de las universidades de renombre a las que habíamos soñado asistir juntos y por fin convertirme en ingeniero. El cambio y la confusión que supusieron la mudanza y el comienzo en una nueva escuela me obligaron a modificar mis estrategias, pero nunca me desviaron de mi objetivo final; estaba decidido a lograrlo de una forma u otra.

Mi consejero estaba allí para ayudarme con el proceso de las aplicaciones; pensé que podría apoyarme en él para reducir mi lista de opciones. Me explicó que algunas escuelas exigían un examen de ingreso, que yo estaba más que dispuesto a hacer. Un día, mientras nos preparábamos para presentar el material de la aplicación para una de las secundarias, mi consejero levantó la vista de la hoja que tenía en las manos y, con una expresión impasible, me dijo:

—Mira, nadie va a creer que un chico extranjero, recién bajado del avión desde Puerto Rico, tenga tan buenas notas. Va a parecer que has mentido, así que es mejor que bajemos algunas de ellas a B —agregó de lo más tranquilo, mientras se dispuso a cambiar mis notas.

—Pero esas no son mis notas —insistí. No había sacado una B desde tercer grado.

—Créeme —replicó, forzando un tono reconfortante mientras me entregaba aquella hoja que me hundía el alma con mis notas retocadas—, es mejor para ti que las dejemos así.

Salí de aquella reunión exasperado. Mi éxito académico lo era todo para mí, pero una parte de mí también pensó: «Quizá tenga razón, quizás acá sea así». Aquella tarde, cuando le conté a mi mamá toda la historia, se le incendiaron los ojos de indignación. Esa expresión feroz de la foto que tan bien conocía resurgió y me dijo que este episodio estaba lejos de terminar.

Al día siguiente, fue directo a la oficina de este hombre para hablar con él, llevaba a mi tío para ayudar con la barrera del idioma, solo para encontrarse con una respuesta similar: «No se preocupe. Estas notas realmente no importan». El tipo no tenía ni idea de con quién estaba hablando, nunca se le puede decir a un maestro y antiguo director que las notas no importan. Al darse cuenta de que no conseguiría nada con este hombre, se fue de la escuela y se dirigió al edificio del distrito escolar en busca de alguien que hablara español para poder decirles lo que pensaba.

«¡Esto es absolutamente inaceptable! Soy maestra desde hace treinta años y nunca me atrevería a bajarle la nota a nadie por ningún motivo. Lo único que quiero es que corrija este error inmediatamente. Lo que está bien, está bien».

Me corrigieron las notas y su reacción me sirvió como una lección de vida que guardo en mi corazón hasta el día de hoy: siempre hay que levantarse y luchar por lo que es justo.

Ni en mis peores pesadillas habría esperado que mi propio consejero asignado me orientara hacia una dirección tan equivocada. ¿Cómo llegó a pensar que esa sería una buena idea? Este hombre tenía el poder de influir en las vidas no de cientos, sino de miles de estudiantes a lo largo de los años. ¿A cuántos otros niños les habrá hecho esto? ¿Cuántos estudiantes que no tenían una mamá como la mía —que luchaba con uñas y dientes por mi éxito académico— recurrieron a él como única guía? ¿A cuántos les quitó oportunidades que les correspondían en todo su haber, oportunidades que podrían haberles cambiado la vida?

Mami y yo nos levantamos temprano un sábado fresco por la mañana y nos dirigimos con nuestro mapa impreso a la parada más cercan del autobús B100, el primer tramo de nuestro viaje a NEST+m, una escuela STEM de primera categoría en el Lower East Side. En la estación de Kings Highway, tomamos el tren B hasta Broadway-Lafayette Street, luego cambiamos al tren F para hacer tres paradas y bajarnos en East Broadway y caminar los quince minutos que nos quedaban de la hora y media de trayecto hasta la esquina de Columbia y East Houston. NEST+m era una de las pocas escuelas que exigían un examen de ingreso para comprobar los niveles básicos de matemáticas y comprensión de lectura de los alumnos. Al llegar, mami esperó afuera y yo entré al gran edificio de baldosas azules junto a un grupo de futuros alumnos. Mientras nos guiaban a la sala de pruebas, entablé conversación con un chico ruso, alto y delgado, de pelo rubio y largo, llamado Serge; éramos los únicos dos chicos de Brooklyn aquel día. Una vez terminado el examen, Serge y yo salimos del edificio, nos reunimos con mami y nos dirigimos al tren. Después de unos días despiadadamente largos, durante el primer período de clase, noté que la profesora tenía una pila de sobres en su mesa. ¿Este sería el momento? Vi cómo la profesora tomaba la pila y empezaba a repartirlos entre los alumnos. Adisa abrió su sobre y sonrió de oreja a oreja cuando leyó que había sido admitido en Midwood, donde se impartían los programas de música y arte que coincidían con sus pasiones. Una compañera de Medio Oriente, Imani, con la que había desarrollado una amistosa competencia, abrió su carta y asintió con alegría al leer la noticia. Con el corazón palpitando como un bombo en mi cuerpo, vi que la profesora se acercaba a mi pupitre. Tomé la carta cordialmente, le dije «Gracias» y respiré hondo. Tras abrir el sobre con cuidado, lo primero que vi fue el encabezado de NEST+m seguido de la palabra «bienvenido» en la primera oración. Sonreí tanto que mis mejillas estaban a punto de acalambrarse. Esa misma tarde, cuando compartí la noticia con mami, los dos respiramos aliviados. A lo mejor el daño hecho aún se podía reparar.

CAPÍTULO 7

PRESENTACIÓN DEL VEHÍCULO DE LANZAMIENTO

Entrar en modo neoyorquino

La situación había jugado a mi favor: mi matriculación en NEST+m coincidió con su iniciativa de ampliar el tamaño de sus clases. La clase anterior a mi primer año había tenido cincuenta alumnos, nuestra camada tenía algo más de cien: había chicos de Brooklyn, el Bronx, Chinatown, Washington Heights, Harlem y los residenciales cercanos, no solo estudiantes pudientes del Bajo Manhattan como en el pasado. Eso me generó un gran alivio, yo no era el único novato que venía de otra escuela y de otro barrio.

Al entrar a mi primera clase, enseguida me sorprendió una cara conocida: Serge, ¡del examen de admisión! Ese día gravitamos el uno hacia el otro y enseguida nos hicimos amigos. A lo largo de la semana, se nos fueron uniendo más compañeros y pronto nos convertimos en un grupo diverso de amigos de

Rusia, China, Honduras, Harlem, Puerto Rico, con acentos y culturas variados, todos bajo el mismo techo. Por fin estaba viviendo la definición y la magia de la ciudad de Nueva York.

La novena hora era un bajón para los de noveno grado porque significaba que teníamos que quedarnos una hora más en la escuela mientras todos los demás terminaban el día, pero me introdujo en una clase que superó mis expectativas: Física. Mi primer contacto con esta asignatura me hizo pensar en la mecánica, me pareció fácil e intuitiva desde el principio. Exploramos las trayectorias, la conservación de la energía, el movimiento, las ondas, la luz, el sonido... Nada me gustaba más.

Luego estaba Kevin. Era inmigrante como yo y se había mudado desde China a los doce años. Kevin era el nombre que había adoptado aquí, pero nosotros éramos una asamblea de amigos internacionales, así que le pregunté si podía llamarlo por el nombre con el que más se identificaba: «Es Wei». Su capacidad para superar los muchos obstáculos que se le presentaron, sin perder la compostura y siempre prosperando, fue ejemplar y se convirtió en una inspiración para muchos de nosotros; no habríamos sido el mismo grupo sin él.

Al principio, Serge era muy callado. Me costó atravesar su caparazón introvertido, pero a medida que fui conociéndolo mejor, fuimos entablando amistad y me confió que formaba parte de un circo ruso ambulante y me invitó a uno de sus espectáculos. Cuando me senté en las gradas y empezó el espectáculo, enseguida identifiqué a Serge en el primer número de malabares. De pronto estaba volando en un trapecio y haciendo acrobacias asombrosas, con unas gafas que no se le movían de la cara. Estaba muy emocionado al verlo después del espectáculo y le hablé maravillas de su perfecta coordinación motriz, pero enseguida me hizo callar.

—¿Podrías mantener esto entre nosotros? —me preguntó, ya que no quería que toda la escuela lo supiera todavía.

—Por supuesto —le contesté y cumplí mi palabra.

El mayor regalo que me dio mi primer año en NEST+m, aparte de estudios académicos estelares, fue un círculo social. Algunos chicos tenían dinero, pero no era el caso de la mayoría, así que nadie se sentía excluido. Éramos un grupo competitivo y eso nos empujaba a superarnos. Después de clase, mi grupo de amigos —que ahora incluía a Serge, Wei, Lenin de Honduras y Jennifer de Corea— y yo nos reuníamos en la esquina de las calles Columbia y East Houston antes de volver a casa. En los vestigios de calor antes del inminente otoño, ocupábamos esporádicamente las canchas de *handball* contiguas al campus en un frenesí de gritos excitados o vagábamos por el Lower East Side, explorando las calles en un deambular adolescente. Por fin había encontrado a mi gente en Nueva York.

Aunque probablemente no tenía muchas opciones, a mami le pareció bien que tomara el transporte público, lo que significó para mí una libertad que nunca antes había sentido. Mi mamá tenía dos trabajos: asistía a ancianos a domicilio y limpiaba oficinas con mi abuelo. Cuando llegaba temprano de la escuela, ella me pedía que me pusiera a cortar verduras y preparara la cocina para la cena, cosa que disfrutaba porque me gustaba cocinar, pero sobre todo, me encantaba echarle una mano cuando podía. Un par de veces al mes, en esos días en los que estaba saturada y agotada, y sabía que yo no tenía ninguna actividad extraescolar importante, me llamaba y me pedía que me reuniera con ella en una de las oficinas de la zona de Flatiron para ayudarla a terminar el turno de limpieza de ese día. Como yo sabía el enorme esfuerzo que hacía por nosotros, enseguida largaba lo que estaba haciendo y me dirigía directo a las oficinas. Sin embargo, por mucho que apreciara su duro trabajo, cuando dejaba a mis amigos para reunirme con mi mamá, solía excusarme diciendo: «Tengo que ir a ayudar a mi mamá a la oficina. Nos vemos», dándoles solo la información suficiente para no provocar preguntas. A veces no funcionaba y alguien preguntaba más sobre su trabajo a lo que yo respondía: «Trabaja en el consultorio de unos médicos», sin especificar nunca que estaba allí para limpiar. Ojalá pudiera decir lo contrario, pero sentía vergüenza por sus trabajos, sobre todo porque así se sentía ella misma: mi reacción era solo un reflejo de sus propias frustraciones. Después de todo, era una licenciada universitaria que había sido maestra y directora, había influido en la vida de cientos de alumnos y ahora estaba cuidando ancianos y limpiando oficinas otra vez.

Tardé años en reconocer la tenacidad de mami. Se tragó su orgullo y lidió con su vergüenza solo para darme una mejor oportunidad en la vida. La percepción o, como la llamamos nosotros, «el qué dirán», es una enorme carga y una barrera cultural en las comunidades hispanas. Nos mantiene «a raya» con creencias preconcebidas limitantes y con miedo a lo desconocido, y puede impedirnos encontrar nuestra propia voz y utilizarla. Solo el tiempo y la experiencia me han permitido desprenderme de estas creencias y tomar las riendas de mi narrativa, centrándome en mis objetivos y no en cómo me perciben los demás, algo que está fuera de mi control. En retrospectiva, ojalá hubiera tenido entonces la sabiduría de decirle a mami que no había absolutamente nada de que avergonzarse, pero era demasiado joven para entenderlo en aquel momento.

Cuando llegaba a las oficinas, la saludaba con un beso en la mejilla, me ponía los auriculares y escuchaba música mientras ordenábamos los escritorios, quitábamos el polvo de las superficies, barríamos, trapeábamos el piso y pasábamos la aspiradora. A veces me daba una vuelta por la oficina con un borrador mágico de Mr. Clean y limpiaba todas las marcas y manchas de las paredes. Cuando terminábamos, solíamos ir a comer una porción de pizza o pasar por McDonald's para comprar las papas fritas favoritas de mami. Otras veces incluso nos dábamos el gusto de comer una hamburguesa en el Shake Shack de Madison Square Park. Con nuestras agendas repletas, también era una oportunidad para pasar tiempo juntos. Hasta hoy, seguimos optando por una porción de pizza o unas papas fritas mientras nos ponemos al día sobre el trabajo y la vida, y nos reímos de mis tíos.

Mi horario antes y después de clase no estaba definido por acontecimientos, sino por una persona: mi maestro de Química, el doctor Vincent Pereira, que en su humildad y deseo de conectar con sus alumnos insistía en que lo llamáramos por su nombre de pila. Vincent identificó de inmediato a mi grupo de amigos en su clase como estudiantes «súper aplicados y sobresalientes» y tuvo un momento eureka cuando se cruzó con un profesor de la Universidad de Nueva York (NYU, por sus siglas en inglés), David Grier, que pasaba por NEST+m a dejar a su hijo todas las mañanas. Vincent le dijo que acababa de recibir una beca y que quería utilizarla para ampliar la experiencia investigadora de sus alumnos. Así nació la colaboración entre el Departamento de Física de NYU y Vincent.

Vincent eligió con cuidado a un grupo de diez estudiantes que se destacaban en matemáticas y estaban interesados en la programación informática. Serge, que ya estaba en Cálculo 2 con los del último grado de la secundaria, y yo formamos parte del equipo. Cuando nos presentaron la idea, estábamos más que dispuestos a hacerlo, ya que éramos el tipo de estudiantes que consideraban que venir a la escuela una hora antes cada día era un privilegio, no un sacrificio. Pero eso no significaba que saltara de la cama súper entusiasmado cada mañana. Me levantaba despacio y arrastraba mi colchón inflable escaleras arriba para guardarlo por el día. Hacía una parada en el baño para asearme y luego agarraba el sándwich y el cafecito que me había preparado mami antes de irse a trabajar y salía a toda prisa por la puerta. Luego, como la mayoría de los adolescentes, me transformaba en un sonámbulo durante mi hora y media de trayecto a la escuela.

El objetivo del proyecto especial era cuantificar y describir el material concentrado alrededor de un agujero negro concreto. El punto brillante que se ve en el centro de la imagen IR (infrarroja) es lo que suponemos que es el agujero negro y su disco de acreción circundante.

Un agujero negro es un lugar del universo con una fuerza de gravedad tan enorme que nada puede escapar de él, ni siquiera la luz, porque la materia se ha concentrado muchísimo en esa pequeña zona. Puede ocurrir como resultado de la muerte de una estrella, aunque las teorías sugieren que muchos agujeros negros han existido desde el principio del universo. Su tamaño puede variar desde el de un átomo hasta algo supermasivo, millones de veces mayor que nuestro sol, como Sagitario A*. Los agujeros negros no pueden observarse directamente, ya que la luz no puede escapar de ellos para viajar hasta nuestros ojos o los instrumentos de un observatorio, por lo que se analizan estudiando las estrellas y objetos circundantes, que presentan órbitas y patrones distintos cuando viajan cerca de uno. El centro de un agujero negro se denomina «singularidad», y el área que lo rodea está encapsulada por un «horizonte de sucesos» (la frontera que marca el límite de un agujero negro). Si un objeto se acerca demasiado a ese punto, sufre una «espaguetización» (estiramiento vertical y compresión horizontal) y es absorbido por el agujero negro. Estos cuerpos celestiales gigantescos siguen siendo un misterio hoy en día. Es difícil imaginar objetos tan grandes desde la perspectiva de nuestro relativamente pequeño planeta. En realidad, la NASA no había logrado captar una imagen de un agujero negro hasta 2020, cuando la doctora Katie Bouman y sus colegas desarrollaron un algoritmo para lograrlo con una composición de imágenes recogidas de telescopios de todo el mundo.

Utilizamos técnicas de imagen infrarroja porque el espectro visible resulta difícil de detectar a grandes distancias y la mayoría de los agujeros negros están extraordinariamente lejos de nosotros: el más cercano se encuentra a mil años luz. Las técnicas del infrarrojo cercano nos permiten ver los objetos mientras el polvo que los rodea permanece transparente, pero las imágenes del infrarrojo lejano nos permiten ver más polvo. Ahí es donde entraba en juego nuestra investigación como estudiantes: teníamos que cuantificar ese polvo.

Todas las mañanas, durante una hora antes de empezar la primera clase, recibíamos imágenes tomadas por el telescopio espacial Spitzer —una nave espacial diseñada para la astronomía infrarroja que se lanzó en 2003, con una vida útil prevista de cinco años, pero que no se retiró hasta enero de 2020— y una serie de datos del Departamento de Física de NYU para confirmar, en última instancia, si el modelo del profesor era exacto en comparación con la cantidad de material que observábamos. Para ello, tomamos nota del brillo de la luz que rodeaba al agujero negro y utilizamos mediciones, parámetros y cálculos específicos para cuantificar la cantidad de material que lo rodeaba.

Una vez al mes, nos reuníamos con el profesor Grier en NYU para revisar modelos numéricos avanzados que incluían matemáticas de alto nivel con las que ni siquiera Serge estaba familiarizado, así como información adicional sobre el disco de acreción alrededor de este agujero negro y por qué algunos agujeros negros pueden tener ciertos materiales y otros no. Pisar el extenso campus de NYU y uno de los laboratorios del profesor fue como poner un pie en el laboratorio de Dexter.

Había pizarras con ecuaciones, estudiantes visualizando sus datos en las pantallas de sus computadoras, pósteres del cosmos y una gran variedad de modelos astronómicos decorando las salas. Tener la oportunidad de hablar con profesores y estudiantes de posgrado, no solo sobre su trabajo sino también sobre los pasos que habían dado para llegar hasta donde estaban, fue increíblemente beneficioso para nosotros, los estudiantes de secundaria. Fue como si estos estudiantes de posgrado se convirtieran, sin saberlo, en mentores para nosotros, lo que tuvo un impacto palpable en mí, porque al crecer en la comunidad hispana, había aprendido a no pedir ayuda más allá de mi familia. Me habían enseñado a agachar la cabeza, hacer mi trabajo y no molestar a nadie, pero pronto me di cuenta de lo útiles y necesarios que eran este tipo de conversaciones y mentores. Me proporcionaron una hoja de ruta para convertirme en ingeniero.

Trabajamos en equipo hasta nuestro anteúltimo año de secundaria, recopilando datos, creando gráficos y aportando resultados a nuestros hallazgos. Teníamos un software que procesaba las imágenes del telescopio, luego buscábamos de forma manual las imágenes específicas que necesitábamos, rellenábamos hojas de cálculo con la información pertinente y analizábamos los datos utilizando el código MATLAB —un lenguaje de programación que se suele utilizar para el cálculo de números y la visualización en diversos campos— que más tarde nos daría la información estadística que buscábamos. Eso es básicamente lo que hacíamos día tras día, bajo la supervisión de Vincent. Cuando teníamos los resultados, enviábamos las cifras al profesor de NYU para que las verificara. En el semestre de otoño de mi anteúltimo año de la secundaria, fuimos capaces de ajustar todos nuestros datos a un modelo y concluir: «Aquí está la cantidad de material que estimamos que existe a lo largo del disco de acreción de este agujero negro en particular», que el profesor utilizó para validar que su modelo general también funcionaba con este subconjunto de datos. Puede que a algunos les suene un poco tedioso, pero aprender MATLAB y ver cómo se utilizaban ecuaciones matemáticas avanzadas en el mundo real fue absolutamente emocionante para mí. Al fin y al cabo, era mi primera interacción formal con la investigación, la astrofísica y un proyecto relacionado con el espacio, y no me cansaba de hacerlo.

CAPÍTULO 8

CUENTA REGRESIVA

La educación como panacea contra la pobreza

Solo hay una trayectoria óptima hacia Marte, pero para llegar hasta allí nuestros sistemas deben resistir entornos extremos y a menudo desconocidos. El espacio es increíblemente vasto e impredecible. Para ayudar a nuestros sistemas a sobrevivir el viaje, recopilamos datos para determinar modelos matemáticos y los utilizamos para planificar alrededor del peor de los casos en cuanto a temperatura, radiación, pozos de gravedad y, en el caso de los rovers en Marte, topografía y diferentes tipos de suelos. Intentamos prever todos los problemas posibles para que la entrada, el descenso y el aterrizaje se produzcan sin contratiempos. La NASA ha tenido muchos éxitos con sus aterrizajes en Marte, pero no podemos olvidar que también ha habido algunos fracasos. Antes de los rovers del Programa de Exploración de Marte de principios de la década de 2000, Rusia, Japón, la

Agencia Espacial Europea y el Reino Unido fracasaron en varios intentos de misiones a Marte durante la década de 1990. La propia NASA vio cómo el *Mars Climate Orbiter* se quemó en la atmósfera marciana al entrar en órbita y cómo el *Mars Polar Lander* aterrizó con más fuerza de la esperada y sufrió su propio veloz desmantelamiento. Aun así, estas misiones brindaron lecciones y ampliaron la tecnología que ha alimentado directamente el éxito de las misiones de seguimiento. Es importante reflexionar sobre las misiones fallidas, aprender de ellas para evitar cometer los mismos errores en el futuro.

Cuando por fin concluimos nuestro proyecto de los agujeros negros, Vincent nos pidió a Serge y a mí que lo acompañáramos a Washington D. C., a la 215.ª reunión de la Sociedad Astronómica Estadounidense, donde presentaríamos nuestros hallazgos. Creo que nos eligió a los dos porque en el grupo nos conocían como los dos chicos de matemáticas y ciencias, los cerebritos. Para participar en esta conferencia, teníamos que presentar una charla junto con una ponencia y un póster, o simplemente generar un póster con nuestros hallazgos y conclusiones. Inexpertos y francamente intimidados, optamos por lo segundo. Mientras tanto, Vincent consiguió una beca de la NASA para cubrir nuestros viajes de ida y vuelta en tren, las habitaciones de hotel y las comidas de los tres días de asistencia.

Cuando llegamos a Washington y vimos la sala de conferencias del hotel, Serge y yo nos quedamos boquiabiertos. En aquel amplio espacio de espléndidos techos altos, con mesas dispuestas en forma de laberinto, había académicos prestigiosos, científicos, astrofísicos, representantes de instituciones de renombre de todo el mundo y nosotros, probablemente los únicos estudiantes de secundaria de la sala, un par de pelagatos (como dicen los ecuatorianos). Incluso dentro de nuestro asombro y admiración, no creo que hayamos logrado comprender del todo la enormidad del momento. Nuestra experiencia era nula comparada con la de los que deambulaban por la sala; sin embargo, estábamos ahí. Vincent nos llevó a unas charlas nocturnas sobre cómo se forman las galaxias y por qué ciertas estrellas son como son. Como era de esperar, estaban más allá de mi comprensión, pero aun así hice todo lo posible por asimilar lo que oía.

Al día siguiente nos levantamos bien temprano para preparar nuestra exposición. Después de desayunar, nos dirigimos a la zona designada, colocamos el póster en nuestra mesa y recorrimos la amplia sala para ver qué presentaban los demás participantes. Este es el tipo de eventos en los que los científicos se reúnen, comparten sus resultados e inician colaboraciones a través de esta red de contactos, lo que da lugar a proyectos que probablemente ampliarán nuestra visión de la enormidad del universo. Mientras echábamos un vistazo a los numerosos pósteres y *stands* que poblaban la sala y ojeábamos datos que sabíamos que eran importantes, aunque aún no pudiéramos comprenderlos del todo, comentamos entre nosotros: «¡Algún día podríamos ser nosotros los que estemos aquí!». Sin importar el campo que acabáramos eligiendo, Serge y yo sabíamos que queríamos estar en este tipo de entorno, compartiendo ideas con colegas para poner en marcha futuros proyectos.

No tuve reparos en acercarme a otros conferencistas y presentarme: «Hola, soy un estudiante de secundaria. Cuéntame de tu póster». La verdad es que les dije que era estudiante de secundaria para que supieran de entrada que tendrían que simplificar sus explicaciones para mí, lo que puso a algunos de ellos en un aprieto. Hasta yo, que era un adolescente, me di cuenta de que les costaba expresar su investigación en términos sencillos, un reto al que muchos de los que trabajamos en campos STEM nos enfrentamos hoy en día. El verdadero dominio de un tema se demuestra mejor cuando una persona puede explicar lo que hace en un lenguaje sencillo, de modo que los que no tienen ni idea puedan entenderlo.

Serge y yo nos turnamos para presentar nuestros datos a lo largo del día y descubrimos que muchos de estos genios se acercaban a nosotros sin saber que éramos estudiantes de secundaria; e incluso cuando lo supieron, se quedaron impresionados de que fuéramos capaces de explicar nuestros hallazgos con tanta claridad. Estos expertos, personas a las que admirábamos, eran amables, atentos y acogedores. Aunque al principio nos habíamos sentido fuera de lugar, empezamos a sentir que este era nuestro sitio, que podíamos pertenecer a él.

A medida que avanzaba el día, Serge, que no es de los que se quejan, se volvió hacia mí y me dijo: «No me siento bien». Se lo notaba incómodo, no paraba de agarrarse el estómago, y supe que pasaba algo grave. ¿Tal vez era algo que había comido? Sin saber qué hacer, llamamos a Vincent, que decidió llevar a Serge al hospital para que le hicieran un chequeo. Mientras tanto, terminé nuestra presentación y salí a dar un paseo por el National Mall para ver el Capitolio y otros edificios de aspecto oficial a la distancia, mientras el sol se ocultaba y el crepúsculo daba la bienvenida al final de aquel día invernal. Cuando entré a la habitación de hotel que compartía con Serge, aún no había regresado. Llegaron un par de horas más tarde. El médico había dicho que podía tratarse de gases o de un virus estomacal, pero Serge se veía peor.

A la mañana siguiente, al despertarse con más dolor, decidió llamar a sus papás, que de inmediato se subieron a su carro, condujeron desde Nueva York y se lo llevaron a casa. Vincent y yo volvimos a la conferencia, pero no fue tan divertida sin Serge: la preocupación fue el sentimiento dominante del día. Al día siguiente, de regreso a Nueva York, recibí una llamada de Serge. Sus papás lo habían llevado directo a la sala de urgencias, donde le diagnosticaron apendicitis. Sin tiempo que perder, lo prepararon para la operación y se lo llevaron. Por suerte, vivió para contarlo. Apodamos a nuestra primera conferencia científica: «El fin de semana en que Serge casi muere».

Toda la experiencia del proyecto del agujero negro me hizo darme cuenta de que la recopilación de datos y la investigación, aunque importantes, no habían despertado tanto interés en mí como la idea de construir las herramientas, la nave espacial y los sistemas que harían posible dicha investigación. Al salir de la conferencia, descubrí otras universidades de primera categoría, además de MIT, como Georgia Tech y la

Universidad de Michigan, y confirmé que quería formar parte del mundo espacial, pero aún no estaba seguro de cómo.

Más o menos un mes después, mami había conseguido ahorrar el dinero suficiente para que nos mudáramos de la casa de mi tío en Mill Basin y volviéramos a encontrar un lugar propio. Me había pasado los últimos dos años y medio haciendo los deberes en el sofá y durmiendo en la sala de estar, y mami sabía que, como adolescente en pleno crecimiento, necesitaba urgente un poco más de espacio. Teníamos que mantenernos dentro de nuestro presupuesto y estar a poca distancia de una estación de tren, para así al menos saltarnos un tramo del viaje diario a la ciudad. Después de ver varios sitios, nos decidimos por un estudio en Bay Ridge, un tercer piso a dos pasos del puente Verrazzano-Narrows, cerca de la parada del tren R en la Cuarta Avenida y a solo unas cuadras de nuestro antiguo vecindario, donde aterrizamos por primera vez en 1997.

Al final de mi anteúltimo año en la secundaria, mis resultados del SAT no eran perfectos, pero gracias a las sesiones semanales de tutoría en la escuela, seguían estando por encima de la media. Hasta el día de hoy, me opongo a los exámenes estandarizados, no solo porque no pudiera dominarlos; estos exámenes nunca fueron capaces de medir mi proceso de pensamiento y mucho menos mi capacidad creativa para resolver problemas. Memorizar para aprobar un examen es una absoluta pérdida de tiempo; y no soy el único, muchos estudiantes que son brillantes por mérito propio pueden no sobresalir en este tipo de exámenes porque procesan la información de otra manera. Las circunstancias también entran en juego. Si procedes de un hogar con bajos ingresos, puede que, a veces, tu atención sea requerida en otras áreas. Es posible que tengas que buscarte un trabajo a tiempo parcial para poder ayudar a tu familia a llegar a fin de mes. Además, el acceso a las tutorías, los exámenes de práctica y el tiempo son los que llevan al éxito en los exámenes estandarizados, todo lo cual requiere recursos que muchos estudiantes pueden no tener. Si a esto le añadimos la presión social para que los estudiantes encajen y la angustia general de ser adolescente, tenemos una tormenta perfecta lista para causar estragos en los «estándares» que se supone que deben alcanzar los estudiantes. Esto significa que algunas mentes brillantes pueden ser eliminadas sin sentido de un grupo de aspirantes a las mejores universidades sin que nadie tenga en cuenta a la persona que hay detrás de esas calificaciones. Es aun otro sistema automatizado que necesita humanizarse.

Enseguida me di cuenta de que este tipo de exámenes no eran mi fuerte, pero en lugar de dejarlo a medias o tirar la toalla, cambié mi estrategia y empecé a priorizar lo que necesitaba y quería aprender primero, en especial cuando empezamos a entrar en el territorio de los exámenes de AP. Tiendo a sufrir ansiedad ante los exámenes, un síntoma de la ansiedad ante el rendimiento. Aunque las matemáticas me resultan fáciles, pequeños errores, como olvidarme de dar vuelta a los signos, han reducido mis notas a lo largo de mis años académicos. Sí veo el valor del contenido del AP porque les da a los estudiantes de secundaria la oportunidad de tomar cursos de nivel universitario, pero esas pruebas quitan la alegría de aprender el material y ponen una tonelada de presión sobre los estudiantes. Cuando sabía que tenía un día ligero entre semana, le decía a mi mamá: «Hoy no quiero ir al colegio. Tengo que estudiar para un examen». Y ella respondía: «Está bien, mijo». Faltaba a la escuela para estudiar y tomar los exámenes de AP de práctica. Mis notas de AP fueron buenas, pero no sobresalientes. Las mejores universidades exigen un 5 para obtener créditos universitarios por las clases de AP. Yo saqué 3 y 4; recibir esos créditos me habría permitido tomar otras clases en la universidad o pasar más tiempo construyendo proyectos, pero tuve que lidiar con las cartas que me tocaron. Sigo pensando que me podría haber ido mejor si hubiera practicado aún más, pero ahora también me doy cuenta de que todavía estaba aprendiendo cómo priorizar mejor mi tiempo. ¿Habría podido leer los libros de texto mientras iba y venía de la escuela? Por supuesto, pero también quería complacer a mi novia, jugar a *Angry Birds* y salir con mis amigos. Por suerte, mis amigos también eran ambiciosos y yo me desenvuelvo bien en entornos competitivos, así que eso me ayudó a volver a los libros lo suficiente como para sacar calificaciones aceptables. Aun así, fue mi primera lección de humildad sobre cómo aceptar ser «lo suficientemente bueno» en lugar de excelente en todo. Sigo buscando la excelencia, pero ahora sé que el objetivo final no exige la perfección.

Cuando se acercaban las vacaciones de verano previas a mi último año de secundaria, alguien me comentó que debía echarle un vistazo al programa STEM de verano de Cooper Union para estudiantes de secundaria. Nunca había oído hablar de este tipo de experiencias y, cuando investigué más a fondo, descubrí que varias universidades importantes, como MIT, Virginia Tech y la Universidad de Michigan, ofrecían programas similares y algunas incluso se hacían cargo del alojamiento y la manutención. Los plazos habían vencido, pero Cooper Union seguía siendo una opción, así que aproveché la oportunidad y presenté mi aplicación junto con Serge, ¡y ambos fuimos admitidos! El programa era completamente gratuito: lo único que tenía que hacer era resolver mi situación alimentaria, ¡pero para eso estaban las porciones de pizza de un dólar de Two Bros!

Dieciséis estudiantes de secundaria de toda la ciudad asistieron al curso de robótica. Nos dividieron en cuatro equipos —Serge y yo nos mantuvimos juntos, por supuesto— y nos encargaron que diseñáramos y construyéramos un robot cuyo objetivo fuera sacar a los demás robots de un *ring* de cuatro por cuatro pies sin que este se saliera del *ring* en el proceso. La tarea era doble: nuestro robot debía tener un conjunto de sensores que detectaran el borde del *ring* y le dieran vuelta para que permaneciera dentro de los límites, y debía tener un mecanismo para sacar a los otros robots del *ring*.

Yo me incliné más por la parte de diseño, fabricación y montaje del proyecto, así que uno de los estudiantes de nuestro grupo, Darien (que más tarde se convertiría en diseñador industrial) y yo nos encargamos del diseño del robot, mientras que Serge y el otro estudiante se centraron en la programación del software. Estábamos hechos los unos para los otros en este mundo de la robótica.

Cuando no nos encontrábamos trabajando en nuestro robot, asistíamos a clases en las que aprendíamos a utilizar programas de CAD (diseño asistido por computadora), explorábamos conceptos básicos de ingeniería eléctrica, como el diseño de circuitos, así como matemáticas de bits y bytes y teoría computacional básica, y nos familiarizábamos con la viabilidad de fabricación de una idea. Puedes partirte el alma diseñando algo extraordinario, pero si no puedes descomponerlo en piezas fáciles de fabricar, por muy chévere que parezca en la pantalla, será inútil en el mundo real. Nuestro equipo de instructores estaba formado por un profesor de robótica, Brian —un ingeniero bajito, muy animado con un *look* típico de ingeniero que se paseaba por el laboratorio mientras transmitía sus conocimientos—, y algunos estudiantes universitarios que no solo impartían clase, sino que también compartían sus experiencias universitarias con nosotros, mostrándonos ideas de pasantías remuneradas y las oportunidades de investigación para estudiantes universitarios en todo el país.

Nos llevó semanas y muchas iteraciones dar con nuestro robot, lo que me sumergió en el proceso de diseño y en la paciencia necesaria para hacerlo bien. Los cuatro nos quedábamos después de clase rompiéndonos las cabezas para fabricar el robot que habíamos imaginado.

Cuando entramos al laboratorio en el que habíamos construido la electrónica para este proyecto, nos emocionamos al ver que en el centro de la sala había un *ring* de cuatro por cuatro pies en el suelo. Alumnos e instructores buscaron con entusiasmo un lugar alrededor del cuadrilátero y una persona de cada grupo se arrodilló en el suelo y colocó su respectivo robot en una de las cuatro esquinas del improvisado *ring*. Todos habíamos programado nuestros robots para que empezaran a funcionar de forma autónoma con solo pulsar un botón, así que al final de la cuenta regresiva inicial pusimos en marcha simultáneamente nuestros robots y nos levantamos para observarlos con el resto de la clase. Una a una, las estrategias de cada equipo se pusieron a prueba. La mayoría estaban construidos para simplemente empujar a los demás mientras intentaban mantenerse dentro de los límites del *ring*. El primero en perder se salió de los límites y fue descalificado de inmediato. Otro fue empujado por nuestro contrincante mientras el nuestro levantaba las ruedas, un movimiento accidental de equipo. Entonces quedaron dos. Nuestro robot era sencillo y directo: lo habíamos mantenido pegado al suelo y le habíamos añadido una rampa por debajo para poder sacar las ruedas del robot contrario de la plataforma y empujarlo fuera del *ring*. ¡La rampa funcionó! Fuimos el último robot en pie y ganamos el primer premio: aquel día pasé de ser el niño que soñaba con ser Dexter al adolescente que ansiaba ser Tony Stark.

Ese verano también empecé a redactar mis ensayos personales y mi declaración de intenciones, e incluso comencé a solicitar algunas becas. Estaba ansioso por ganar terreno en el proceso de aplicación a universidades antes de comenzar mi último año en la secundaria y ya soñaba con algunas de las mejores: MIT, la Universidad de Michigan, Georgia Tech, Cornell. Quería quedarme en la costa este del país para estar más cerca de mi familia. Mientras tanto, mi mamá empezó a familiarizarse con el sistema de ayuda financiera, porque no podíamos pagar los cincuenta mil dólares anuales que cobraba cada una de las mejores universidades; teníamos que encontrar otra manera. Acompañé a mami a un taller sobre ayuda financiera que había encontrado y que se impartía en español en una iglesia de Brooklyn. Esto nos ayudó a ambos a comprender mejor el proceso, y aunque ella no podía revisar mis ensayos porque estaban en inglés, me controlaba a diario para asegurarse de que estaba cumpliendo con todas las fechas de entrega. Fue un trabajo en equipo y, como siempre, me animó en todo momento.

Antes de empezar duodécimo grado para luego partir a la universidad, estaba decidido a volver a Puerto Rico por primera vez desde que nos fuimos hacía más de tres años. Había empezado a dar clases particulares a algunos alumnos de la escuela intermedia de NEST+m, lo que me permitió ahorrar lo suficiente para comprarme un monopatín (mis amigos se reían de mi nuevo medio de transporte) y un boleto de ida y vuelta a Puerto Rico en agosto.

Sonia me recogió en el aeropuerto y enseguida sentí como

si nunca me hubiera ido. Visité a Niní, jugué videojuegos con Benito y vi documentales con Robert. Como las clases en Puerto Rico empiezan en agosto, hablé con el director de Notre Dame, el mismo hombre que había estado allí cuando yo fui alumno, y le pregunté si me permitiría ir a la escuela durante ese mes. Era la única manera de poder pasar un buen rato con mis viejos amigos. Lo consideró y dijo: «Sí, siempre y cuando lleves un atuendo apropiado que combine con sus uniformes». Esa misma tarde, fui a Marshalls y compré un par de camisas y pantalones, y al día siguiente Sonia me llevó a la escuela, donde empecé el último año de la secundaria con mi grupo de amigos de Caguas. Asistí a Química, Inglés y Ciencias, pasando el rato como en los viejos tiempos. Durante el almuerzo, me senté afuera con mis amigos y hablamos de las universidades en las que pensábamos matricularnos ese otoño, y respiré aliviado cuando me di cuenta de que, a pesar de haber estado separados durante los últimos cuatro años, todos seguíamos pensando de la misma manera. Esto me confirmó que había conseguido recuperar parte del futuro que creía haber perdido cuando volvimos a Nueva York, el futuro que incluía a mis amigos de Puerto Rico.

El 28 de febrero de 2011 llegué a casa de la escuela, abrí el buzón y encontré un sobre grueso junto con correo no deseado. Sentí un cosquilleo en la espalda mientras lo sacaba de la pila y buscaba la dirección del remitente: la Universidad de Michigan.

Subí a nuestro apartamento, abrí el sobre y escaneé la carta de aceptación: era la primera respuesta que recibía de una universidad, ¡y era positiva! Aunque me alegré un montón, la verdad es que no le di demasiada importancia porque la universidad de mis sueños era MIT. Dejé el paquete sobre la mesa de la cocina y compartí la noticia con mami cuando llegó del trabajo. Nada podía borrar la expresión de orgullo de su cara; una menos, pero aún quedaban varias más. Todas las mañanas, antes de ir a clase, mis amigos y yo nos reuníamos para compartir las últimas noticias de universidades y celebrar el éxito de uno mientras lamentábamos el fracaso de otro. Cuando recibí noticias de MIT, fue en forma del delgado sobre que todos habíamos empezado a temer: rechazado. «¿Cómo voy a convertirme en Tony Stark si no puedo ir a MIT?», pensé.

En medio de mi desolación, llegaron cartas de universidades de las llamadas Ivy League: Columbia, rechazado; Princeton, en lista de espera; Cornell, rechazado. Estaba destrozado, pero tenía que recordarme a mí mismo que aún tenía opciones, y muy buenas. (Para ser sincero, también ayudó a aliviar mi dolor el hecho de que ni siquiera el mejor alumno de nuestra clase había conseguido entrar en MIT).

En función de la ayuda financiera, reduje mis opciones a la Universidad de Michigan, la Universidad de Virginia (que me había ofrecido una beca presidencial), el Instituto Tecnológico de Georgia y Carnegie Mellon. Cuando leí que Carnegie Mellon estaba dispuesta a llevar en avión a futuros estudiantes para enseñarles el campus, hice la maleta de fin de semana y me dirigí a Pittsburgh. Durante la visita, conocí a profesores y exalumnos, y me alojé con estudiantes en sus dormitorios. También conocí a algunos puertorriqueños y a otros chicos de Nueva York que iban a ir a Carnegie Mellon, lo cual me pareció súper *cool*... me resultó reconfortante encontrarme con otros estudiantes que se parecían a mí y hablaban como yo. Pero cuando entré en el departamento de Ingeniería Eléctrica e Informática, me quedé anonadado. En primer lugar, tuvimos que cruzar el puente Pausch, también conocido como el puente del arco iris, que cuenta con más de siete mil luces LED programables a lo largo de la pasarela que iluminan la totalidad de la estructura con un espectáculo de luces multicolores en repetición. Luego entramos en los impresionantes centros Gates y Hillman, con caminos interiores en espiral al estilo Guggenheim que conducen a laboratorios y aulas totalmente equipados; fue entonces cuando solo me faltaba preguntar dónde firmar. Acepté su oferta ese mismo fin de semana y empecé a inclinarme por la ingeniería eléctrica, ya que tienen uno de los mejores programas del país.

De vuelta en Bay Ridge, pocos días después de cumplir dieciocho años, recibí una llamada inesperada: era Darryl Koch, un asesor de la Universidad de Michigan.

—No hemos tenido noticias tuyas sobre el programa M-STEM en el que has sido aceptado. ¿Vas a venir a Michigan?

—No tengo ni idea de lo que me está hablando —le contesté. Entonces caí en la cuenta: cuando apliqué a Michigan, también había aplicado a otro programa de verano que me había parecido interesante. Podía ir a Michigan durante seis semanas en verano, antes de que empezaran las clases, para conocer la universidad, la zona y los dormitorios, y familiarizarme con otros estudiantes de primer año—. Nunca me contestaron, así que supuse que no me habían admitido.

Tras unos minutos en los que Darryl pulsó las teclas de su computadora para verificar mis datos, nos dimos cuenta de que tenían registrada una dirección incorrecta.

—Todo esto suena muy bien, pero ya he aceptado la oferta de Carnegie Mellon. No tuve la oportunidad de volar a la Universidad de Michigan para conocerla y no tengo forma de hacerlo ahora.

—Bueno, ¿qué vas a hacer este fin de semana? —respondió Darryl.

—Eh, estaré aquí en Nueva York —dije titubeando.

—Bien, ¿te interesaría volar a Michigan?

Me quedé boquiabierto.

—¿Y Carnegie Mellon?

—Eso es lo de menos. Vamos a traerte a Michigan para que veas tú mismo qué piensas.

—Eh, claro. ¡Me parece bien!

El propio Darryl me recogió en el aeropuerto, me llevó al campus y me paseó por todas partes, mostrándome todos los puntos de interés. Era un hombre de voz suave pero firme, atento y cálido. Su personalidad encantadora y su orientación clave sobre cómo negociar las ofertas sobre la mesa para que me sirvieran mejor marcaron una gran diferencia. Más tarde nos reunimos con dos antiguos estudiantes de M-STEM que, junto con el profesor Brent Gillespie, formaban parte del Haptix Lab, con sede en el departamento de Ingeniería Mecánica. Me mostraron con entusiasmo el laboratorio y los proyectos que estaban desarrollando al tiempo que compartían sus experiencias, y yo me sentí como una esponja superabsorbente, asimilándolo todo. Lo que más me atrajo fue la conexión humana. A continuación, Darryl me acompañó al lugar donde se impartirían algunas de mis clases y a la residencia de estudiantes de M-STEM, donde me alojaría ese verano si aceptaba la oferta.

Pero ¿y el costo? El financiamiento o su ausencia, siempre había sido la pieza más importante del rompecabezas.

—Trabajaremos contigo para aumentar tu ayuda financiera —me dijo con tanta seguridad que, mientras me invadía una oleada de alivio, pensé: «¿Ahora cómo voy a decir que no a Michigan?». M-STEM, su programa diseñado para apoyar a los estudiantes nuevos en su transición de la escuela secundaria a la universidad y durante los dos primeros años en la escuela, además de la amabilidad general y la onda amistosa, fueron los verdaderos factores decisivos.

Cuando volví a Nueva York, le dije adiós a Carnegie Mellon y hola a la Universidad de Michigan. Tenía ante mí un nuevo camino y, como la mayoría de los estudiantes del último año de secundaria, mi mente permaneció en un futuro no tan lejano, lo que me dificultaba enormemente hacer la tarea, estudiar para los exámenes Regents que me quedaban, terminar el año y graduarme. Pero a pesar de todo, mis amigos y yo lo logramos.

Nuestra graduación tuvo lugar ni más ni menos que en Cooper Union, unas semanas antes de nuestros exámenes Regents finales. Subimos al escenario, recibimos nuestros diplomas, nos tomamos fotos y nos pusimos las togas. Nuestro grupo unido rebosaba de entusiasmo por nuestro futuro, pero también de tristeza porque sabíamos que nos despedíamos de estar juntos en las trincheras de la escuela día tras día. Al menos aún podíamos contar con las vacaciones para vernos.

Una vez terminada la ceremonia, salimos de Cooper Union con un grupo de amigos y nos dirigimos a comer con nuestras familias. Elegimos Dallas BBQ y, con una gran comida, celebramos el final de esta temporada en nuestras vidas. Mientras comíamos los platos especiales de barbacoa y los montones de ensalada de col y macarrones con queso, la idea de irme de casa no me llenaba de temor ni melancolía. Al contrario, me moría de ganas de empezar esta nueva etapa de mi vida con la que había soñado desde mis años en Puerto Rico. Cuando llegó la cuenta, mi abuelo, que estaba presente con mi abuela, enseguida la tomó del camarero y dijo: «Yo me encargo». Los papás de Serge insistieron en repartir el total, pero mi abuelo no aceptó. Nunca había recibido un gesto tan grande de su parte, y sabía que pagar la cuenta era un sacrificio enorme para él. En muchos sentidos, era un reflejo de todos los sacrificios que mi familia había hecho para que yo llegara a ese momento de mi vida. Aunque había estudiado por mi cuenta, mi camino siempre había sido un esfuerzo en equipo. Asegurar mi futuro era la forma de reembolsarles ese esfuerzo a todos, en especial a mi mamá: era mi oportunidad de dejarla descansar mientras yo empezaba a trabajar. Y ahora, ese momento, nuestro futuro, estaba por fin al alcance de la mano.

CAPÍTULO 9

DESPEGUE

Volar hacia mis sueños

Desde que pisé Nueva York hasta la universidad, nunca tuve una habitación propia. Siempre estaba trabajando para mi futuro, tal y como me enseñó mami, y en cierto modo dependí de otros a lo largo del camino, lo que a veces me hacía sentir como una carga, en especial para mami, que tuvo que hacer incontables malabares mientras me criaba. Me sentía en deuda con ella por el sacrificio que había hecho para darme una oportunidad mejor.

Cuando me fui, mami empezó a reconsiderar sus circunstancias en Nueva York. Estaba a punto de cumplir sesenta años, y las largas jornadas cuidando ancianos y limpiando oficinas por las tardes le estaban pasando factura. Volvía al apartamento, ahora vacío, a altas horas de la noche, completamente agotada, solo para tener que poner el despertador y volver a hacerlo todo al día siguiente. Cada mañana era más difícil de soportar; el simple hecho de levantarse de la cama o de una silla le provocaba un calambre en la espalda que le palidecía la cara. Su cuerpo le estaba gritando «¡Auxilio!», y esta vez le hizo caso. En una consulta médica, tras explicarle sus síntomas, el doctor le dijo sin pelos en la lengua: «Tu cuerpo te está diciendo que es hora de parar». Esa frase le rondaba por la cabeza durante el largo viaje en metro hasta su casa después de salir de otro turno de trabajo nocturno. La inquietud la comenzó a acechar al llegar a su parada. Las caminatas nocturnas desde la estación hasta su edificio le empezaron a provocar más ansiedad. Tras reflexionar y hablar con Xavier, que insistió en que se fuera a vivir con ellos, decidió que había llegado el momento de colgar las botas y solicitar la jubilación anticipada. Eso también significaba despedirse de su apartamento de Bay Ridge y dejar Nueva York una vez más, esta vez por Florida.

Seguimos hablando a diario y seguimos tan conectados como siempre. Tardé un tiempo en comprender y aceptar del todo que ahora era completamente independiente a nivel económico y vivía por mi cuenta; lo que ocurriera a continuación estaba solo en mis manos. De repente, el clásico sueño americano estaba a mi alcance y no iba a desaprovecharlo.

Cuando miro a las estrellas de la ingeniería, mi constelación personal, veo a Clarence Leonard «Kelly» Johnson, que se licenció en Ingeniería Aeronáutica en la Universidad de Michigan en 1933. Su historia, la de un legendario ingeniero aeronáutico y de sistemas que trabajó en el U-2 y el SR-71 Blackbird de Lockheed, ya me era conocida cuando llegué a Michigan. De niño me fascinaban los aviones, estaba enamorado de su historia y de los avances científicos que habían hecho posible sus innovaciones. La Ingeniería Aeroespacial, el programa de renombre internacional de la universidad, abarca tanto la aeronáutica como la astronáutica, es decir, es una disciplina que incluye el diseño de aviones y naves espaciales. Desde un punto de vista histórico, los aviones llegaron antes que las naves espaciales. Desde un punto de vista técnico, los primeros están diseñados para viajar en la atmósfera antes de llegar al espacio, mientras que los segundos necesitan poder volar en órbita terrestre baja o más allá. Además, cada vehículo tiene diferentes limitaciones medioambientales, así como condiciones límite y operativas que deben tenerse en cuenta y reconsiderarse para que estas piezas de maquinaria despeguen y lleguen a su destino.

Un ingeniero utiliza la creatividad, limitada por las comprendidas y conocidas leyes de la naturaleza, para resolver problemas simples y complejos. Puede que no todos seamos tan geniales como Tony Stark en *Iron Man*, pero nuestros cerebros funcionan a un nivel similar. Cuando los ingenieros vemos algo, estamos entrenados para pensar: «Esto está bien, pero podría estar mejor». Nuestro lenguaje es el de la imaginación y la construcción: visualizamos un sistema, lo descomponemos en piezas más pequeñas, destilamos su funcionamiento interno y resolvemos sus problemas hasta terminarlo.

El programa de verano M-STEM de la Universidad de Michigan (U-M), como preludio de la universidad, me dio una idea del rigor que me esperaba al brindar una simulación profunda de la presión que sentiría al tomar cuatro clases de ingeniería a la vez (Física, Matemáticas, Programación y Proyectos de Ingeniería). Pero M-STEM me puso en contacto con los recursos necesarios para tener éxito, desde organizaciones hasta asesores, e incluso estipendios para ayudar a los estudiantes con menos ingresos.

Una de las organizaciones de las que tomé nota durante M-STEM fue la Sociedad de Ingenieros Profesionales Hispanos (Society of Hispanic Professional Engineers, o SHPE, por sus siglas en inglés) cuando conocí al presidente de la sección local, Paul Arias, un peruano alto, de pelo rizado y risa contagiosa, que era ingeniero mecánico en vías de obtener su doctorado. Siempre estaba dispuesto a ayudar a los demás, tanto a nivel profesional como personal, e irradiaba una calidez y un carisma que hacían que todo el mundo se sintiera a gusto en su compañía. Paul nos explicó que cuando empezáramos el semestre de otoño, SHPE estaría allí, dispuesta a ayudarnos en todo momento; y así fue.

Al principio SHPE me llamó la atención por el desarrollo profesional y la tutoría que ofrecía, pero pronto el grupo se convirtió en mi familia. Estábamos ahí para impulsar una mayor inclusión en la industria y elevarnos mutuamente en el proceso. Con el fin de llegar a los jóvenes estudiantes hispanos, SHPE organizó su Noche de Ciencias anual en una secundaria en Detroit que contaba con una elevada población hispana entre sus alumnos. Intentamos avivar el interés por el evento visitando la secundaria dos veces antes y hablando con los estudiantes sobre ingeniería, pero de los cuarenta invitados que habíamos calculado que asistirían solo se presentaron doce.

Los hispanos somos resilientes, trabajadores y esperanzados. Está arraigado en nuestra cultura poner a la familia en primer lugar y cuidarnos los unos a los otros. Sin embargo, a menudo, muchos de nosotros enfrentamos desafíos por el simple hecho de ser hispanos. Mira las siguientes estadísticas clave que encontré mientras investigaba para una charla en una conferencia de SHPE en 2022[*]:

- Durante el año escolar 2015-2016, el 44 % de los estudiantes latinos de educación superior representó a los primeros de su familia en asistir a la universidad.
- En 2021, el 19 % de los niños hispanos menores de dieciocho años vivía en hogares en los que ninguno de los padres había terminado la escuela secundaria.

---

[*] Postsecondary National Policy Institute, «Factsheets: Latino Students», 19 de septiembre de 2022, https://pnpi.org/latino-students/.

- En el año académico 2015-2016, de los estudiantes latinos de educación superior, el 76 % recibió algún tipo de ayuda federal, en comparación con el 67 % de los estudiantes blancos, el 50 % de los estudiantes asiáticos y el 88 % de los estudiantes negros.
- De los estudiantes latinos de educación superior, de nuevo en el año académico 2015-2016, el 60 % recibió la beca Pell Grant. En general, representaron el 22 % de todos los beneficiarios de la Pell Grant a tiempo completo.
- De los estudiantes latinos matriculados en educación superior en 2018, el 33 % trabajó cuarenta horas o más, el 19 % trabajó de treinta a treinta y nueve horas, el 26 % trabajó de veinte a veintinueve horas y el 21 % trabajó de una a diecinueve horas.

Estas estadísticas cuentan la historia de muchos de nosotros, graduados universitarios de primera generación en Estados Unidos, que nos enfrentamos a la educación en un sistema caro que depende en gran medida de la creación de redes a través de actividades que a menudo están fuera de nuestro alcance económico. Muchos estudiantes ni siquiera tienen mentores o no saben cómo buscarlos, un paso crucial, ya que muchos de nosotros no tenemos padres o familiares con la experiencia necesaria para ayudarnos a tener éxito en estas áreas. Para llegar a fin de mes, los estudiantes pueden tener uno o más trabajos, lo que en última instancia hace que mantener el ritmo académico sea un reto inalcanzable. Muchos estudiantes acaban sobreviviendo, no prosperando. Uno de mis mentores, un viejo amigo y ahora profesor en la Universidad de Brown, el doctor Mauro Rodríguez, lo describe muy bien.

Según la investigación de Mauro y los datos de la American Society for Engineering Education (ASEE) y la US Bureau of Labor Statistics, hay aproximadamente 87 000 estudiantes universitarios de ingeniería hispanos por año. Alrededor del 50 % de esos estudiantes acaba en un ciclo de agotamiento académico acompañado de dificultades financieras debidas a la falta inherente de becas y recursos accesibles debidos, a su vez, a sus promedios de notas más bajos. Esto, por su parte, da paso a que las oportunidades profesionales y de investigación sean inaccesibles, lo que en última instancia lleva a muchos a abandonar por completo sus carreras STEM. Cada año se gradúan unos 18 000 hispanos y menos de 7000 se incorporan al mundo laboral de la ingeniería. Cada año, menos de 6000 estudiantes hispanos obtienen un título de posgrado. Sin títulos de posgrado, las oportunidades de ascender son limitadas. Esto se refleja en el número total de ejecutivos hispanos, que son menos del 2 % de todos los ejecutivos estadounidenses. Como suelo mencionar en los talleres de éxito universitario que dirijo, estos problemas tienen solución: existen grupos, programas y organizaciones en todo el país, como M-STEM en mi caso, que proporcionan seguridad académica a través de talleres sobre métodos de estudio y mejores prácticas en los campos STEM, así como tutorías, instrucciones complementarias y mentores. Estas fuentes son cruciales para enseñar a los estudiantes —en especial a aquellos que son los primeros de su familia en ir a la universidad— cómo desenvolverse en la cultura académica y, al mismo tiempo, maximizar el acceso a la ayuda financiera estudiantil, servicios, prácticas y otras experiencias de ingeniería valiosas adaptadas a sus necesidades individuales con el fin de impulsar su éxito. Los datos del Censo de 2020 sugieren que los hispanos representamos el 19 % de la población total de Estados Unidos; sin embargo, solo representamos el 8 % de la mano de obra STEM. Las carreras STEM han generado riqueza en todo Estados Unidos y continuarán haciéndolo a medida que la tecnología siga desarrollándose. Para que la comunidad hispana esté proporcionalmente representada en la mano de obra STEM, primero debe establecerse la equidad. No son solo estos datos los que me motivan a seguir haciendo divulgación e inspirando a los jóvenes a seguir carreras en STEM, sino saber que un evento, una charla o una llamada tienen la posibilidad de cambiar la vida de una persona para siempre.

Al final de mi primera Noche de Ciencias, después de construir torres con palitos de helado dentro de un límite de tiempo para ver cuál sería la más alta y estructuras que debían proteger unos huevos para que no se rompieran al dejarlos caer desde cierta altura, todo mientras mis compañeros de SHPE y yo informábamos a los doce estudiantes que se presentaron sobre las diferentes carreras STEM disponibles para ellos, una chica se nos acercó con lágrimas en los ojos para darnos las gracias.

Nos explicó que en su casa, cada vez que planteaba su sueño de ser médica, sus papás inmigrantes se lo rechazaban diciendo que la universidad estaba muy por encima de sus posibilidades y que centrarse en conseguir un trabajo estable después de la secundaria probablemente tendría más sentido dadas sus circunstancias. Hay talleres para padres en inglés y español —tuvimos uno en esta ocasión— que les enseñan los requisitos para la admisión en la universidad y la ayuda financiera, incluidos los plazos y las expectativas reales, muy parecidos al que mami y yo asistimos en aquella iglesia de Brooklyn. Los papás inmigrantes suelen trabajar muchas horas y no tienen tiempo ni energía para considerar las posibilidades más allá de lo que ya conocen, pero eso no significa que esas posibilidades no existan. Era la primera vez que a esta chica alguien le decía que, si se lo proponía, podía ser ingeniera, médica o científica, y que podía encontrar paquetes de ayuda financiera que se lo permitirían. La emoción se apoderó de ella cuando se dio cuenta de que, después de todo, esa posibilidad estaba a su alcance, y eso nos hizo darnos cuenta de que, incluso si esa noche solo hubiera acudido un estudiante, eso significaba que teníamos la oportunidad de cambiar la vida de una persona. Dos años después, esa estudiante de secundaria se matriculó en la Universidad de Michigan.

En mi primera clase de Diseño Aeroespacial, los alumnos debíamos diseñar un dirigible que funcionara en Marte y luego adaptarlo al entorno terrestre para poder probarlo. Fue mi primer contacto con un proyecto completo de diseño, construcción y vuelo de prueba. Los estudiantes nos dividimos en grupos de cuatro, y yo tuve la suerte de contar con un equipo formidable: Kevin, que ahora trabaja como ingeniero aeroespacial en Northrop Grumman; Jerry, que ahora tiene un trabajo en SpaceX; y James, que pasó a trabajar para varias empresas de consultoría aeroespacial.

Ninguno de nosotros se conocía, pero nos acostumbramos fácilmente a trabajar juntos. James se encargó de programar los controles necesarios para pilotear el dirigible. Yo me encargué de diseñar la estructura del dirigible y el globo, y luego fabricarlo. Jerry ayudó a calcular el volumen y la cantidad de helio que necesitaríamos para mantener la forma específica con la que estábamos trabajando. Y Kevin dirigió la división de tareas para completar el informe de diseño, manteniéndonos organizados durante todo el proceso. No podía haber deseado un equipo mejor equilibrado.

La competencia se celebró hacia el final del semestre, antes de la presión de los exámenes finales, en el amplio atrio del edificio de Ingeniería Aeroespacial. La primera competencia consistió en sortear determinados obstáculos en el menor tiempo posible. Al mando de los controles, James hizo magia: empujó con habilidad el dirigible hacia delante, siguiendo nuestros cálculos, y luego redujo su velocidad justo antes de que llegara al final de la trayectoria, para que pudiera girar en su sitio. Una vez en la posición de retorno, volvió a acelerar y lo trajo a casa. Subvirtiendo las expectativas, dada su enorme estructura, conseguimos llevar nuestro vehículo hasta el final del trayecto en el atrio y de regreso en diecinueve segundos, batiendo el récord del dirigible más rápido del campus, un récord que se mantuvo durante los cuatro años siguientes.

Eufóricos tras nuestra triunfal victoria, los tres miembros de mi equipo decidieron especializarse en ingeniería aeroespacial. Para mi, un plan de estudios centrado en el diseño, la construcción y las pruebas me resultaba más acorde con lo que siempre había soñado hacer. Había oído que, a medida que avanzaba la carrera de ingeniería aeroespacial, se volvía cada vez más teórica. Ese semestre había tenido problemas con Cálculo 3 y lo último que quería hacer en los tres años siguientes era sumergirme aún más en las matemáticas. A pesar de que quería trabajar en el sector aeroespacial, pensé que podría adquirir esa experiencia a través de pasantías en lugar de una tortuosa avalancha de cursos teóricos. Así fue como el 14 de marzo de 2012 declaré mi especialidad: ingeniería mecánica.

Esa misma primavera, nuestra sección de SHPE organizó la Conferencia Regional de Desarrollo de Liderazgo. Paul Arias era el presidente y yo apliqué como voluntario para el puesto de presidente de marketing, y lo conseguí. Como joven estudiante de primer año, era la primera vez que participaba en una de las conferencias de SHPE con este nivel de responsabilidad y no tenía ni idea de lo que estaba haciendo. Por suerte, Paul me guio en todo momento y me infundió la confianza que necesitaba para tomar la iniciativa. Creé un paquete de patrocinio que destacaba nuestras necesidades y cómo una empresa se beneficiaría patrocinando nuestro evento. También fui yo quien preparó los vídeos promocionales y los carteles, e incluso utilicé las redes sociales para correr la voz, una herramienta de promoción relativamente nueva en aquella época. Paul dirigía nuestras reuniones y yo participaba en ellas para hablar de nuestros progresos en materia de marketing. También organizaba llamadas con ejecutivos de empresas que habían colaborado anteriormente con SHPE y ahora querían patrocinarnos, y organizaba el uso de sus logotipos en nuestros anuncios y en sus mesas individuales en la feria de empleo de clausura de la conferencia.

Al final, conseguí recaudar unos 30 000 dólares para la conferencia, y lo que sobró fue directamente a nuestra sección. Alrededor de trescientos estudiantes de los estados vecinos acudieron a Ann Arbor ese fin de semana, batiendo el récord de estudiantes asistentes a una conferencia anual de la Región 6: fue un éxito de asistencia y yo disfruté tanto del proceso que, al final de ese fin de semana de marzo, estaba decidido a presentarme como candidato a vicepresidente externo, un puesto que se encargaba de las relaciones corporativas y de la próxima Noche de las Ciencias; un puesto que al final ganaría. Ascender en esta posición no solo afinó mi comodidad para hablar con ejecutivos, sino que también me dio la oportunidad de empezar a poner en contacto a los estudiantes con socios corporativos y ofrecerles posibilidades.

Mientras yo estaba ocupado embarcándome en este nuevo viaje universitario, la salud de Niní había empeorado. Su hijo se puso en contacto con mi mamá para ver si podría considerar la posibilidad de irse a vivir con ella. Le explicó que la actual cuidadora de Niní había sido algo negligente y que no quería que su mamá viviera en esas condiciones. Después de todo lo que Niní había hecho por nosotros, para mami no hubo duda alguna. Ella misma tenía experiencia como cuidadora domiciliaria y se le hacía bien fácil volar a Puerto Rico desde Florida, donde actualmente dedicaba su tiempo a sus nietas.

El hijo de Niní tenía un condominio en la playa, de modo que mami se mudó allí con ella, y él cubrió todos los gastos y la comida. Así que estas dos queridas amigas pudieron pasar el año siguiente juntas otra vez, forjando nuevas rutinas y profundizando en su relación. En agosto, antes de empezar mi segundo año en la Universidad de Michigan, pude pasar un rato muy agradable con las dos durante una visita a mi querida isla.

En la famosa feria de carreras de ingeniería de la U-M, en el semestre de otoño de mi segundo año, entablé una conversación con un representante de GE Aviation. Era puertorriqueño y yo ya había estado en contacto con él a través de mi puesto en SHPE. Le comenté que me interesaba trabajar con motores de defensa y se plantó la semilla. Antes de que acabara el semestre, ya tenía una oferta de pasantía de verano de GE Aviation. Las pasantías en esta industria equivalen casi a un trabajo a tiempo completo, con sueldo y beneficios y todo. El concepto de pasantías no remuneradas como ingeniero es inaudito, así que supe que podría seguir manteniéndome durante los veranos sin la ayuda de mami, lo cual fue un gran alivio. Mami me daba dinero para algunas comidas, pero, por lo demás, volaba solo y sin red de seguridad.

Entre esta oferta y el comienzo de mis estudios de ingeniería mecánica, me sentía seguro de que iba en la dirección correcta. Empecé a estudiar las dos asignaturas fundamentales de mi campo: estática y dinámica. La estática trata de cómo se aplican las fuerzas en las estructuras estáticas. La dinámica se utiliza para analizar las fuerzas en sistemas que están en algún tipo de movimiento, siguiendo las leyes del movimiento de Newton. Me encantaba el curso de dinámica, desde dibujar y definir variables y supuestos conocidos, hasta intentar descubrir algún aspecto desconocido del sistema en cuestión; todo parecía encajar en su sitio.

Pero a veces en la vida, los momentos de gran tranquilidad se ven interrumpidos por la solemnidad. Caminaba por el North Campus en un cálido día de primavera, con nubes blancas que salpicaban el cielo azul, cuando mami me llamó. «Hijo, Niní ha fallecido hoy». Se me hundió el corazón hasta los pies. Era consciente de que su deterioro físico se había acelerado en los últimos meses y ya no podía conducir, y sabía que esta llamada llegaría, pero nadie está preparado para dejar ir a un ser querido; el shock inicial es inevitable. Después de colgar y guardar el celular, caminé hacia la cercana Lurie Tower, el faro del North Campus, y me senté entre sus columnas para tomarme un minuto. Recordé la generosidad de Niní, su amor, los buenos momentos que habíamos pasado con ella, la forma en que nos había acogido bajo su protección y le di las gracias por todo.

El fallecimiento de Niní fue la tercera gran pérdida que había experimentado en mis diecinueve años de vida en este planeta. La primera —Noemí, la mamá de Ruth— dejó una marca indeleble en mi mente. No creo que nadie pueda olvidar la primera vez que vio sin vida a una persona que conocía. Pero la primera vez que observé y viví la profundidad de aquel dolor fue con el fallecimiento de mi abuelita, que nos había dejado solo un par de años antes.

Mi abuelita, que en realidad era mi bisabuela, había emigrado de Ecuador mientras vivíamos en Puerto Rico y, una vez más, se había convertido en una constante en nuestras vidas cuando volvimos a Nueva York. Mami y yo visitábamos a mis abuelos y a ella todos los domingos y, aunque ya tenía más de noventa años, mi abuelita se encargaba de la cocina, nos daba de comer y se paseaba por la sala cuidándonos mientras el resto de los adultos se sentaban a la mesa del comedor para ponerse al día y jugar a las cartas. Hasta el otoño de 2008, estuvo de buen ánimo, pero entonces su salud empezó a decaer. Tras varios estudios, le diagnosticaron cáncer de páncreas. La enfermedad, avanzada y agresiva, llegó como un huracán imprevisto, derribándola y postrándola en su cama en cuestión de semanas; ahora nos tocaba a nosotros cuidarla a ella.

A principios de diciembre, estaba al borde de la inconciencia a causa de los medicamentos utilizados para aliviar el dolor, pero aún podía oírnos. Conscientes de que era solo cuestión de tiempo, nos reuníamos en su habitación y nos turnábamos para compartir viejas anécdotas, cualquier cosa que la hiciera sonreír por dentro y sentir el amor que la rodeaba. Cuando llegó mi turno, mami entró en la habitación conmigo y me agarró de la mano. Me acerqué a mi querida abuelita y le di las gracias por todo lo que había hecho por nosotros, por cuidarme, alimentarme y nutrirme de bebé en Ecuador mientras mami se iba a trabajar. «Te quiero y te voy a echar de menos, abuelita», añadí. Aquella noche, al cabo de una hora, gruñó con fuerza y exhaló su último suspiro. Todos estábamos en la habitación cuando ocurrió, rodeándola del amor que nos había dado durante tantos años.

Mi abuela, mis tíos y mami rompieron a llorar desconsoladamente. Nunca había visto llorar a tantos adultos a la vez. Estremecido, me sumí en silencio con mis primos, observando cómo daban rienda suelta a las emociones que habían contenido para mostrarle a mi abuelita una apariencia de fortaleza durante esas últimas semanas de su vida. Mi abuela lloraba como una niña pequeña; perder a una mamá, tengas la edad que tengas, debe de ser lacerante.

Me imagino el dolor que debió de sentir mi propia mami cuando me comunicó la noticia del fallecimiento de Niní. Después de todo, Niní se había convertido en una figura materna durante la última década de su vida y en un miembro muy importante de nuestra familia. Tanto mi abuelita como Niní vivieron largas y maravillosas vidas y ninguna de las dos falleció sola. Eso me reconforta mucho y me permite no quedarme demasiado tiempo sumido en el dolor, algo para lo que no tenía tiempo, espacio ni capacidad si quería seguir con mi trayectoria. Que en paz descansen, abuelita y Niní.

Cuando era más joven, con la mente atestada de documentales y programas de historia, lo único que veía en mi futuro eran motores de reacción para aviones de combate y militares. En Estados Unidos existe un vínculo inextricable entre el gobierno y la innovación aeronáutica. Desde la acelerada evolución de los aviones durante la Primera Guerra Mundial hasta la Carrera Espacial —incluso el programa lunar Apolo se basó enteramente en demostrarles a los soviéticos que Estados Unidos podía llegar hasta la Luna y convertirla en un arma si era necesario—, esto ya lo tenía súper claro para cuando conseguí la pasantía de verano en GE. La mayoría de los trabajos innovadores en el sector aeroespacial están muy regulados. Las tecnologías innovadoras y militares desarrolladas en GE están restringidas y no pueden exportarse sin la documentación y los procesos adecuados, por lo que solo pueden trabajar en ellas ciudadanos estadounidenses. Sin esa autorización, trabajar en estas empresas sigue siendo viable, pero con una capacidad mucho más limitada.

Como titular de una tarjeta verde en vías de obtener la ciudadanía, me contrataron para formar parte del equipo de sistemas de admisión y escape, que no requería ninguna autorización especial. En pocas palabras, este equipo trabaja en los sistemas que rodean el motor principal, la central eléctrica que convierte el combustible en empuje, para mantenerlo refrigerado, silencioso y mínimamente rastreable en desarrollos sigilosos. Fue la primera vez que tuve la oportunidad de aplicar lo que había aprendido en clase a proyectos del mundo real, nada menos que en una de las principales empresas aeroespaciales de Estados Unidos. Todo estaba comenzando a tener más y más sentido, y yo no cabía en mí de felicidad.

CAPÍTULO 10

CENTRO DE CONTROL DE LA MISIÓN

Los datos que ayudaron a forjar mi identidad

Una vez que terminé mi pasantía en GE, hice las maletas, envié algunas de mis cosas a Nueva York y me embarqué en un vuelo a Ecuador, regresando por primera vez desde que mami y yo nos habíamos ido dieciséis años antes. Mientras miraba por la ventanilla, me pregunté: «¿Seré capaz de reconocer a mi papá?». Él no estaba muy activo en las redes sociales y, aunque de vez en cuando hablamos por teléfono, hacía catorce años que no lo veía. Al cruzar la puerta de llegadas, observé a la multitud y enseguida encontré su figura alta, aunque algo mayor y debilitada. Cuando me acerqué a él, noté el bastón que llevaba en la mano: aún se estaba recuperando de un trágico accidente de carro en el que había muerto su cuñado y que casi lo deja parapléjico. No me conmovió verlo, fue extraño, casi como saludar a un desconocido. Nos dimos un fuerte abrazo, compartiendo latidos a través del pecho más que palabras. Cuando nos separamos, me di cuenta de que ahora yo era más alto que él. A su lado estaban mi tío —el hermano de mi papá—, mi tía y sus cuatro hijos, que más o menos tenían mi edad, primos con los que me encontraba por primera vez. «Hola», «Mucho gusto», «Encantado de conocerte», nos saludamos y nos dimos un beso en la mejilla. Allí estaba yo, de vuelta en Ecuador, caminando hacia el estacionamiento del aeropuerto con mi papá a un lado y mis recién descubiertos familiares al otro. Mis emociones estaban congeladas, entumecidas por la enormidad del momento.

Había pedido que mi primera comida fuera bolón, una versión ecuatoriana del famoso mofongo de Puerto Rico, pero con mucha mantequilla, sin ajo y cubierto de queso fresco. Aunque en general se sirve en el desayuno con un cafecito, yo estaba dispuesto a saborear ese plato mañana, tarde y noche. Así que mi familia me dio el gusto y me llevó a El Café de Tere, una cadena de restaurantes con los bolones más deliciosos que puedas imaginar. Cuando nos sentamos a comer, la presencia de mis primos rompió el hielo y enseguida nos llevamos bien. Todos parecían relajarse en compañía de los demás mientras los minutos pasaban a toda velocidad. Mi papá empezó a bromear como siempre, y de pronto me di cuenta de que había heredado de él mi calidez y mi habilidad para hacer que la gente se sintiera a gusto. Sin perder un segundo, me sumé a la charla y mantuvimos la conversación animada y ligera. Papá parecía algo frágil, con el pelo oscuro salpicado de canas, pero su sonrisa se mantenía intacta e inalterable.

Pasamos los días siguientes explorando la ciudad y sus alrededores junto con mis primos y cualquier otro miembro de la familia que quisiera acompañarnos. Algunas cuadras y tiendas me resultaban súper familiares, mientras que otras eran completamente nuevas para mí, hasta que doblamos una esquina y nos estacionamos frente a la que había sido mi primera casa. La casa parecía una versión reducida de la que había grabado en mi mente, extraña pero aún reconocible. Me habría gustado entrar, pero mami había sido inquilina cuando vivíamos allí, y no conocíamos a los actuales propietarios. Tenía un muro bastante alto entre la calle y la casa, con una puerta que daba a un minúsculo patio delantero seguido de la entrada principal a la casa.

Mientras contemplaba la fachada de mi antigua casa, recordé la vez que había decidido que sería divertido esconderme detrás de la puerta de uno de los cuartos de la parte delantera de la casa, desde donde podía espiar a los adultos por una ventana cercana... justo antes de que mi papá pasara a recogerme para llevarme a la escuelita. Cuando mi abuelita me llamó para que subiera al carro, me quedé quieto y en silencio, intentando hacerme invisible, permanecer indetectable, como un superhéroe. Volvió a llamarme; nada. Entonces noté que su voz se volvía más frenética. «¡Eliooooo! ¿Dónde estás?». Se paseó por la casa, dando vistazos en los cuartos, en el baño, en todas partes excepto detrás de esa puerta en particular. A medida que pasaban los minutos y seguía sin haber rastro de mí, mi papá saltó del carro y se unió a la desaforada búsqueda de su hijo desaparecido. Sin suerte, llamó a mi mamá, que ya estaba en el trabajo, creyendo que su peor temor se acababa de hacer realidad: «¡Puede que lo hayan secuestrado!».

Las cosas se intensificaron enseguida, pero en lugar de salir para detener su creciente desesperación, me hice una bola aún más pequeña cerca del suelo, temiendo ahora cómo podrían reaccionar una vez que se dieran cuenta de que yo había estado allí todo el tiempo. Los minutos parecieron horas hasta que por fin alguien movió la puerta y me encontró escondido detrás de ella: «¡Está aquí! ¡Está aquí!».

Aliviado, exasperado y furioso, mi papá me sacó de mi escondite y me dio una paliza con el cinturón. Luego me dejó en el asiento trasero de su carro, llamó a mi mamá para decirle que yo estaba bien y me llevó a la escuelita en un silencio sepulcral. Frotándome el trasero de dolor, me reí en voz baja por haberlo logrado.

Aparte de conocer el lado de la familia de mami, no tenía una idea completa de mi origen, así que estaba ansioso por atar cabos y reunirme con varias personas que me habían conocido de pequeño, incluida mi madrina. Mi papá y yo almorzamos con ella un día, estaba preparada con un montón de preguntas, ansiosa por saber qué había pasado desde que nos mudamos a Nueva York. Por lo que recuerdo, fue casi que el único momento de ese viaje en el que realmente conté lo que me había costado entrar en la U-M y lo que estaba haciendo con esa oportunidad ahora que era estudiante a tiempo completo.

Le hablé de mi reciente pasantía y de mi camino para convertirme en ingeniero mecánico. Ella me escuchó atentamente, haciéndome algunas preguntas de seguimiento cuando era necesario, mientras que mi papá, encorvado en su asiento y sumido en silencio, asentía de vez en cuando o soltaba un «Qué bueno», aunque me dio la sensación de que no entendía muy bien de qué estaba hablando. Pero no quería sacar conclusiones precipitadas; todavía estaba abrumado por el momento en su totalidad, así que me dejé llevar y traté de concentrarme en verlo todo, comerlo todo y volver a familiarizarme con mis orígenes. Para completar este viaje exploratorio, teníamos que hacer una última parada: la granja de mi abuela paterna en Galápagos.

Tras el vuelo de dos horas, mi papá, mis primos y yo nos dirigimos a un pequeño terreno junto a una montaña, y de una modesta casa en medio de la vegetación selvática salió una anciana menuda, de aspecto algo frágil, con un bastón de madera en una mano para aliviar sus articulaciones artríticas. Cuando me acerqué a ella, levantó la cabeza y me dijo: «¡Elito, qué alegría por fin verte!». Me agaché y nos dimos un largo y cálido abrazo. Cuando hundí la cara en su espesa cabellera canosa, solté un grito ahogado: era verdad, había heredado de ella mi textura de pelo, así como las pobladas cejas, las cuales vi cuando por fin nos soltamos. También había un claro parecido entre ella y mi papá en la zona de los pómulos. Seguí atando cabos en mi mente: su espíritu era alegre y cariñoso, y enseguida me trató como a alguien de la familia.

Mi abuela vivía sola en aquella pequeña casa en medio de

la nada, pero por suerte una familia que trabajaba la tierra vivía cerca y le echaba una mano siempre que lo necesitaba, y la hermana menor de mi papá, otra mujer súper amable y cálida, estaba a solo treinta minutos en carro. Así que tener a varios de sus nietos bajo su techo ese día hizo que los años se desvanecieran de su semblante y reenergizó su alma. Enseguida nos condujo a través de la casa, directo a los naranjos en la parte de atrás, arrancó una naranja de una rama, tomó una navaja, le hizo un agujero y me la dio. «Bébetela», me dijo. Exprimí la naranja y las gotas del jugo más dulce que jamás había probado me llenaron la boca de alegría. Mientras el resto de la familia se acomodaba, ella me guio con entusiasmo al fondo del jardín y me señaló un par de enormes tortugas de más de doscientos kilos que deambulaban por el terreno. Cuando nos acercamos demasiado, metieron la cabeza en su caparazón, produciendo un silbido que me recordó al sistema hidráulico de un camión. Aquellas criaturas parecidas a dinosaurios me fascinaron. Me sentí honrado de que me hubiera apartado del grupo para compartir esas criaturas y ese momento solo conmigo. El resto del tiempo lo pasé en la mesa con todos los demás o con mis primos, que me llevaron a hacer excursiones impresionantes, a nadar y a dar inolvidables paseos en barco por islas vecinas.

Cuando nuestro tiempo juntos llegó a su fin, le di a mi abuela un último abrazo y le dije: «Volveré a visitarte pronto». Y aunque volví unos años más tarde, para entonces ella ya había dado su último suspiro y se había despedido de nuestro planeta. Agradezco que el único tiempo que compartimos juntos fuera tan memorable y mágico.

Volé de vuelta a Guayaquil con mi papá y mis primos, y al día siguiente me llevaron al aeropuerto. Les di las gracias a todos por lo bien que lo había pasado y luego me volví hacia mi papá y le dije:

—Gracias. Te agradezco mucho todo lo que has hecho para que este viaje fuera tan especial. Hasta pronto. Volveré pronto.

Me miró a los ojos con una sonrisa y respondió:

—De nada, Elio. Seguiremos en contacto.

El ambiente seguía siendo ligero y alegre, así que me di la vuelta y me dirigí al control de seguridad llevando conmigo una profunda sensación de satisfacción y alegría. La misión exploratoria había sido un éxito: había vuelto a ver a mi papá, había conocido a nuevos familiares y me había reencontrado con mis raíces. Claro que mi papá y yo no habíamos tenido muchas oportunidades de estar solos durante esa semana, pero ninguno de los dos las habíamos buscado tampoco. Yo apenas tenía veinte años y no sentía la necesidad de profundizar con él. Lo único que yo había querido responder fue: «¿Quién soy? ¿De dónde vengo?». Y aquel viaje logró darme esas respuestas.

Aunque el reencuentro con mi papá no supuso un cambio real en nuestra relación, sí abrió la puerta a conversaciones que vendrían después. En mi siguiente visita tras mi posgrado, durante uno de nuestros paseos por Guayaquil, tuvimos una conversación práctica. Como inmigrante durante gran parte de mi vida, a menudo tenía la sensación de estar ocupando un espacio que no me pertenecía, así que cuando se trataba de mi relación con mi papá, solo necesitaba entender dónde encajaba yo en el rompecabezas que era su vida. Mientras me contaba a regañadientes sobre sus diferentes relaciones e hijos, no pude evitar decirle: «Qué clase de cabrón eres». El me respondió con una risotada de la misma manera en que lo había hecho cuando mami se había muerto de miedo mientras él conducía demasiado cerca del borde de la carretera de camino a Riobamba hacía más de una década. Aunque aún guardo cierto resentimiento por su falta de capacidad emocional para siquiera reconocer el efecto que sus decisiones tuvieron en la vida de mami y en la mía, poco a poco estoy procesando que la disculpa que espero recibir algún día probablemente nunca llegará. En todo caso, esa conversación me aclaró su historia y quién es, lo que a su vez me ayudó a cerrar el círculo de cómo llegué y quién he llegado a ser en este mundo.

CAPÍTULO 11

PRESIÓN MÁXIMA
Cada vez más cerca de los resultados
en el mundo real

SpaceX será mi próxima aventura. Los sueños se hacen realidad. No lo puedo creer. Estoy tan bendecido. #occupymars». Eso es lo que publiqué en las redes sociales cuando me enteré de que SpaceX me había aceptado para una pasantía de invierno en 2014. Así comenzó mi estadía en Los Ángeles. Desde el punto de vista técnico, la experiencia de SpaceX cambió las reglas del juego: era la primera vez que trabajaba en la industria espacial, en naves espaciales, con nada más y nada menos que Mauro Prina como mi jefe, un ingeniero italiano que había trabajado anteriormente en el Laboratorio de Propulsión a Chorro (Jet Propulsion Laboratory, o JPL) de la NASA, concretamente en los vehículos exploradores de Marte *Spirit* y *Opportunity*. Él había formado parte del equipo que había diseñado su sistema de control térmico y ahora era el director de dinámica térmica del programa de la cápsula *Dragon* en SpaceX. En mi primer día, mi grupo se reunió para la orientación inicial en la zona de la línea de montaje de la fábrica de cohetes, la sede de la empresa, y pasamos caminando al lado de los cohetes en los que estaban trabajando. Me sentí como un niño en una tienda de LEGO. Aunque SpaceX era aún bastante nuevo en 2014, yo había estado pegado a las retransmisiones de sus exitosos lanzamientos en los últimos meses y tomé nota del reconocimiento que habían empezado a acumular por ello; ahora estaba ahí, en carne y hueso, atravesando una fábrica de cohetes, una puerta a las estrellas.

El jefe de ingeniería de la *Dragon* era nada más y nada menos que el mismísimo Elon Musk. La *Dragon 2* actualizada se utiliza hoy en día para reabastecer la Estación Espacial Internacional (ISS, por sus siglas en inglés), pero el siguiente gran proyecto en ese momento era hacer una *Dragon* certificada para humanos, es decir, con la capacidad de transportar personas, no solo carga, a la ISS. Esto sería una primicia, dado que en 2011 Estados Unidos comenzó a depender de Rusia para llevar astronautas al espacio. Pero el precio empezaba a pesar en Estados Unidos y acabó convirtiéndose en una conflictiva negociación recurrente debido a la geopolítica del momento.

Los transbordadores espaciales se concibieron como naves reutilizables, fiables y relativamente económicas, sin embargo se consideran unas de las naves espaciales más complejas jamás pilotadas. Por desgracia, muchas de las piezas no podían reacondicionarse de manera fácil, por lo que el programa del transbordador espacial se hizo muy costoso y se vio empañado por tragedias. Al final, el presidente Obama decidió retirar el programa en 2011 y dar la oportunidad a empresas privadas estadounidenses de desarrollar el transporte para la ISS. SpaceX y Boeing fueron dos de las empresas que compitieron por un trozo de este pastel.

Pasamos los siguientes nueve años sin un lanzamiento desde Estados Unidos para nuestros astronautas, hasta 2020, cuando SpaceX completó su misión *Demo-2*. Aunque Boeing no había podido completar el desarrollo de su nave espacial *Starliner* destinada a los mismos fines, tiene previsto lanzar una *Starliner* en 2023, y la empresa sigue teniendo un contrato gubernamental porque tanto la NASA como el gobierno estadounidense están interesados en diversificar sus capacidades en lugar de depender únicamente de una empresa. Así que en esas estábamos cuando empecé mi primer día en SpaceX, aún trabajando en una cápsula que acabaría transportando seres humanos al espacio.

En nuestro equipo de Sistemas de Control Térmico, la mitad de la gente trabajaba en el programa *Dragon* y la otra mitad en el cohete *Falcon 9*. Para llegar a lo que ahora se conoce como la *Crew Dragon*, se tuvo que completar varias grandes campañas de pruebas para demostrar que SpaceX podía desarrollar una nave espacial apta para humanos. Me asignaron al programa *Dragon* como ingeniero de construcción del sistema térmico de la cápsula de aborto de la plataforma. La idea era que si de pronto la cápsula *Dragon* se encontraba en peligro en la plataforma de su cohete —por ejemplo, si el cohete está a punto de explotar o está a punto de suceder otro escenario extremo— debería tener la capacidad de despegar y separarse del cohete para mantener a los astronautas fuera de peligro. SpaceX había desarrollado el SuperDraco, un motor propulsor que se utilizaría como parte del sistema de escape del lanzamiento en caso de emergencia. Cuando llegué al sitio, estaban construyendo, probando y certificando todo.

Mi horario de trabajo variaba, pero solía comenzar a las ocho de la mañana y terminar a las siete de la tarde. Eran días largos, pero teníamos beneficios, como nuestro propio barista y chef, que servía comida a buen precio y sabrosa. También había un gimnasio cerca, así que muchos de nosotros terminábamos nuestra jornada laboral, hacíamos ejercicio hasta alrededor de las ocho de la noche y luego tomábamos el último autobús de vuelta a nuestro complejo de apartamentos a las ocho y media. Fue la primera vez que empecé a levantar pesas con la ayuda de mis compañeros de piso, lo que me ayudó a aliviar parte del estrés acumulado por todo el duro trabajo que llevábamos a cabo durante el día.

Algunas de las piezas que tuve que diseñar eran protectores de desconexión rápida, parte del control medioambiental que bombearía oxígeno al sistema de soporte vital. El oxígeno en su forma más pura es extremadamente inflamable, por lo que la mínima chispa, por ejemplo por un fallo del hardware o por restos de virutas de aluminio del proceso de fabricación, puede provocar una explosión. Tenía que asegurarme de que estos ensamblajes estuvieran protegidos contra restos de objetos extraños (*foreign object debris,* o FOD, por sus siglas en inglés) para evitar que la nave espacial explotara.

En mi pasantía previa en GE Aviation, el ritmo era mucho más lento y no tenía que moverme tanto como aquí. Ahora tenía que hacer malabarismos con una gran variedad de tareas: desde diseñar, probar, construir y calificar piezas hasta navegar por distintas secciones de la nave espacial. Todo era increíblemente acelerado, y tengo que agradecer a mi jefe directo quien me ayudó a entender cómo manejar y asumir mis tareas de ingeniería.

Leslie me enseñó a pasar por los diferentes procesos, a gestionar los distintos plazos y a navegar por los numerosos laboratorios y relaciones para conseguir que las piezas estuvieran listas en fechas concretas. Por primera vez era responsable de dos conjuntos de hardware que acabarían fabricándose y colocándose en una de estas naves espaciales, y ella me guio y me ayudó a entender todas las piezas del rompecabezas desde el principio. Además de Leslie, busqué otros mentores en distintas disciplinas, como ingenieros de producción, ingenieros de cohetes y técnicos que me abrieron los ojos en cuanto al objetivo final de mi duro trabajo. También estaba Tien, un ingeniero de construcción vietnamita que me enseñó su proceso y más sobre los motores de los cohetes y cómo reacondicionar componentes para hacerlos reutilizables, que es por lo que se conoce a SpaceX. Al final, Tien ascendió a líder de la construcción del cohete en su totalidad.

Aparte de aprender habilidades inestimables, esta experiencia laboral me abrió los ojos a una realidad del trabajo en campos STEM que aún no había experimentado del todo: la falta de diversidad. Aunque sabía que se trataba de un problema primordial en nuestras industrias, el hecho de proceder de una secundaria diversa y vivir en mis burbujas diversas en la Universidad de Michigan y SHPE me había resguardado de enfrentarlo de primera mano previo a mi estadía en SpaceX. Pasé cuatro meses como el único pasante hispano entre todos los equipos de ingenieros, y solo había conocido a un ingeniero hispano que trabajaba allí a tiempo completo. Tampoco abundaban las mujeres. Con algunas excepciones, como Leslie y Tien y un puñado de hombres indios y asiáticos, trabajar en SpaceX era como entrar en una fraternidad universitaria de ingenieros mayormente blancos; no recuerdo haberme cruzado con ningún ingeniero negro. Hice todo lo que pude para encajar, interpretar el papel de hermano de esta fraternidad tecnológica y acepté las invitaciones a pasar el rato con mis colegas, pero, a pesar de que eran gente *cool*, a menudo me sentía fuera de lugar. En aquel mar de tipos blancos con barba y amplios conocimientos de cerveza, comenzó a atormentarme el síndrome del impostor. A menudo me preguntaba: «¿Qué hago yo aquí?». Como me resultaba difícil entablar relaciones sólidas con mis compañeros blancos inmediatos, me dirigí a los técnicos de laboratorio, los soldadores, los técnicos de fabricación, que eran un grupo más diverso de personas con las que podía relacionarme de manera más fácil y parecían demostrar más empatía. Pero lo que más sufrí fue el *feedback* de mis superiores. De repente me dijeron que algunos de mis puntos fuertes, como la pasión en el debate, se percibían como que yo era «demasiado extrovertido y franco». A veces me preguntaba si siquiera debería estar ahí. Quizá no encajaba bien. Fue la primera vez que sentí lo que significaba ser un ingeniero hispano en un campo STEM.

En busca de un poco de familiaridad, me puse en contacto con la sección SHPE de la Universidad del Sur de California y me recibieron con los brazos abiertos. Salía de fiesta con ellos los fines de semana e incluso participé en algunas de sus actividades SHPE, que no solo me tiraron un cable a tierra, sino que también me permitieron enamorarme de California.

La falta de representación en SpaceX me pareció tan preocupante que, cuando terminé mi pasantía, le escribí a Elon Musk una carta expresándole mi frustración. ¿Por qué sus equipos carecían tan evidentemente de diversidad, equidad e inclusión? Quería saberlo; me hubiera gustado ayudar a solucionar el problema. ¿Recibió mi nota? No lo sé. ¿La leyó? No estoy seguro. ¿Ha cambiado el ambiente con los años? He oído que ha mejorado algo, pero a juzgar por los comentarios recientes publicados en Glassdoor.com, a la empresa aún le queda mucho por madurar en ese aspecto en particular.

Al final de esta experiencia laboral, tenía un conjunto de habilidades de valor incalculable y una idea clara de en qué necesitaba centrarme en la universidad al regresar. Lo único que quería era volver a trabajar, terminar la carrera y empezar el posgrado, pero aún me quedaba una pasantía: Boeing, en St. Louis, Missouri.

Dejar Los Ángeles, la playa y ese clima sensacional por St. Louis no fue fácil, pero mi curiosidad por saber cómo sería trabajar en Boeing era mayor que la atracción que sentía por la soleada California. Cuando me incorporé al grupo, me colocaron en el equipo de Armas de Ataque Directo, que desarrolla misiles inteligentes y municiones de ataque directo conjunto (JDAM, por sus siglas en inglés), que son otro tipo de misil guiado. Este equipo también se especializaba en el desarrollo de un subsistema y un sistema de alas que pudieran acoplarse a las sobrantes «bombas tontas» (bombas no guiadas lanzadas desde aviones que explotaban ahí mismo donde aterrizaban). Estas unidades modificadas, que ya no eran bombas tontas, podían lanzarse sobre objetivos específicos y unas pequeñas alas se desplegaban para guiarlas hacia esos objetivos en lugar de permitirles aterrizar en cualquier lugar cercano. Gracias a este elegante mecanismo, Estados Unidos pasó de tener cientos de miles de bombas tontas sobrantes de la Guerra Fría a disponer de bombas inteligentes utilizables para misiones específicas. Esa fue la tarea que me encomendaron durante mi estadía de catorce semanas en Boeing.

El primer día fue como cualquier otra pasantía: presentaciones, orientación, entrenamiento, entrega de la tarjeta de identificación y reunión con el jefe. Ya conocía el procedimiento. El director me invitó a la sede de Boeing en St. Charles para que la conociera y me presentó al equipo. Nunca olvidaré a uno de los principales ingenieros eléctricos: Darko Ivanovich. ¡Qué gran nombre! Empecé a llamarlo «el Villano». A medida que me adentraba en las instalaciones, intenté contener mi asombro. Había pasado de una fábrica de cohetes a una de misiles casi de la noche a la mañana. El edificio de ingeniería estaba cerca del almacén que albergaba todos los misiles y explosivos. Cuando di una vuelta por el edificio, enseguida vi una larga franja amarilla en el suelo que dividía la zona segura de la insegura; en otras palabras, si algo explotaba en la instalación de al lado y te encontrabas en el lado equivocado de esa línea, podías estar potencialmente frito.

En las instalaciones hay una base de las Fuerzas Aéreas, con presencia de la Guardia Nacional de Missouri, desde donde grandes aviones militares transportan a todo el mundo los productos fabricados en estas instalaciones. Además, Boeing tiene su propia línea de aviones de combate en este sitio, por lo que sacan aviones de esta fábrica y los someten a pruebas de vuelo. Eso significaba que cada día, yendo o viniendo del trabajo, veía pasar aviones F-15 o F-18. Era como ver el canal HISTORY a través de la ventanilla del carro.

Tenía catorce semanas para trabajar en los distintos proyectos que me asignaron, lo que no era mucho tiempo dado el alcance de los trabajos. Por suerte, tenía que utilizar el mismo software de diseño que en SpaceX, así que estaba preparado para empezar a diseñar, generar vistas y trabajar con planos. El personal a tiempo completo era acogedor y servicial, pero con una sola mujer en un equipo formado en su mayoría por hombres mayores blancos, su situación en cuanto a diversidad era aún peor que la de SpaceX. Por suerte, había algo más de representación entre los pasantes de verano de mi grupo, dos hombres negros y otro hispano, lo cual suena a chiste de «entraron a un bar», ¿verdad? El resto de los casi doscientos pasantes eran en su mayoría blancos y también tenían un gran conocimiento sobre la cerveza.

Aunque nunca sufrí discriminación durante mi pasantía, vi de primera mano por qué la diversidad y la representación son importantes. Me faltaban solo cinco días para mi último día en Boeing cuando Michael Brown recibió un disparo mortal de un policía blanco en Ferguson, Missouri. Yo estaba allí cuando la gente dijo «basta ya» y salió a la calle a protestar; y sí, también hubo disturbios. Durante aquellas semanas de disturbios, muchos de los negocios que se incendiaron eran lugares en los que había comido, como la Ferguson Brewing Company. Yo era muy consciente de los dilemas sociales que habían provocado esa reacción. No era injustificada. La nación parecía clamar a gritos por justicia y, sin embargo, en el trabajo, la mayoría de la gente afrontaba el momento con serenidad, sin mencionar nunca el tiroteo ni la injusticia. Si decían algo era que las protestas eran innecesarias y que los bloqueos de carreteras eran una molestia. De repente, cuando empecé a reconocer mi propia presencia en esos espacios, me vi inmerso en la perspectiva blanca y no era agradable.

A pesar de lo mucho que disfruté trabajar en Boeing y de lo mucho que aprecié conocer motores y tecnología increíbles, no me veía en ese entorno a largo plazo. Mis pasantías de ese año no solo me proporcionaron valiosas habilidades laborales, sino que también me ayudaron a hacerme una idea más clara de lo que quería y de lo que no toleraría en el mundo real. Para mí, no se trata solo del trabajo, se trata, hasta el día de hoy, de la gente, la cultura, el entorno, un aprendizaje que sigue siendo una fuerza impulsora en mi elección de trabajo.

Cuando empecé la universidad, ideé un sistema de «bloqueo del tiempo» para mí. Años antes, cuando tenía siete años y había heredado una PlayStation de Xavier, se volvió claro que podía pasar interminables horas con los dispositivos, descuidando potencialmente mis tareas escolares. Así que mami, siempre ingeniosa, agarró una hoja, anotó los días de la semana y, debajo de cada uno, dedicó un bloque de tiempo a cada una de mis actividades: escuela, tareas, comidas, ejercicio, sueño. Revivir su estrategia más de diez años después me quitó una capa extra de estrés durante mis años universitarios al proporcionarme unas pautas a las que podía recurrir cuando mi mente rebosante no estuviera segura de lo que se suponía que debía hacer en un día concreto o a una hora concreta. Cuando fijé la mirada en mi graduación y entré en la siguiente fase de mi carrera académica, el bloqueo del tiempo se volvió un recurso clave, pero no era suficiente para mantener mi vida en equilibrio.

Cuando estudiaba a tiempo completo, mi mente se ponía en modo supercerebro. Consciente de que tenía que obtener un promedio general (GPA, por sus siglas en inglés) de 3,0 para que me tuvieran en cuenta para un puesto de trabajo —el GPA es un filtro que utilizan muchas empresas debido a la gran cantidad de solicitantes que tienen que considerar— y un 3,5 para las aplicaciones competitivas de posgrado, me hiperenfoqué en mis estudios. En mi último año en la Universidad de Michigan, impulsado por las experiencias del mundo real que había tenido en mis pasantías y por lo que necesitaba saber para seguir adelante, decidí matricularme en cuatro clases técnicas intensas y brutales. Lo académico se convirtió en mi vida. No hacía más ejercicio que el bloque de tiempo que le dedicaba a una breve caminata, y todo el tiempo libre que tenía lo usaba para mi trabajo extracurricular con SHPE. También era tutor y dirigía una clase complementaria de ingeniería mecánica los domingos, para la misma clase de dinámica que tanto me había gustado antes de marcharme a Los Ángeles y St. Louis. Sin embargo, el equilibrio es tan esencial como la eficacia. Por muy responsable y saturado de estudios que estuviera, me reservaba los viernes por la noche para divertirme; esas eran las breves horas en las que me permitía soltarme. Me reunía con mis amigos en Charlie's, nuestro bar favorito, bailaba en Rick's o salía de fiesta y terminaba la noche en Fleetwood Diner, cristalizando algunas de mis amistades más importantes hasta la fecha. Hasta hoy, regreso a esas noches como un recordatorio de que no puedo diseñar mi vida como diseño máquinas. Para mi bienestar personal, no puedo olvidarme de acompañar mi carrera con algo de diversión.

Ya tenía dos ofertas de trabajo sobre la mesa, pero seguí paseando por la Convención Nacional de SHPE en Baltimore, y fue entonces cuando vi el stand de JPL de la NASA. Conocía los rovers que habían enviado a Marte, pero desconocía en qué punto se encontraban los proyectos del próximo vehículo, así que me acerqué y charlé con Eric Aguilar.

—Me interesan los controles y hago un poco de programación —le dije, explicando en qué había trabajado anteriormente—. ¿Qué están haciendo con Marte 2020? —le pregunté.

El Mars Science Laboratory (MSL) había aterrizado unos

años antes y yo sabía que Mars 2020 era su siguiente gran proyecto. También había otros proyectos más pequeños en marcha. Todo parecía interesante, así que le pregunté qué puestos estaban buscando llenar. Eric era el director del equipo del banco de pruebas de Marte 2020.

—Estamos haciendo un gran trabajo. Estamos al principio de la campaña de pruebas de Marte 2020 y hay una gran oportunidad para trabajar a tiempo completo.

—Qué bien —dije, esperanzado.

—Deberías hablar con Magdy —respondió y llamó a otro tipo.

Magdy Bareh era uno de los peces gordos de Mars 2020. Me dio una charla similar y, mientras seguíamos hablando, los tres nos dimos cuenta de que yo encajaba bien con lo que estaban buscando.

—Estoy a punto de graduarme, pero el próximo otoño continuaré en Michigan con mi maestría —les dije, preparándome para el impacto—. No tienen que preocuparse por el costo, porque no solo estoy aceptado, sino totalmente financiado; todo lo que necesito de ustedes es saber si me aceptarían como empleado temporal a tiempo completo ahora, para luego dejarme volver a la universidad durante un año y después regresar a JPL a tiempo completo.

—Espera —dijo Eric—. ¿Nos estás diciendo que vendrías a trabajar para nosotros, obtendrías tu maestría, JPL no tendría que preocuparse de cubrir tus gastos y luego querrías volver a JPL?

—Sí.

—No hay problema alguno con eso. ¿Por qué lo habría?

Al cabo de unas semanas, ya me habían aceptado como estudiante de posgrado en pasantía de JPL, con fecha de inicio en enero de 2016, y me esperaba un puesto a tiempo completo al terminar la maestría. Mientras asimilaba este nuevo giro en mi vida, caí en cuenta de que me estaban invitando a trabajar en la construcción del banco de pruebas que se utilizaría para la misión Marte 2020. De niño, me fascinaban los esfuerzos por explorar otros planetas y la posibilidad de algún día, encontrar vida en alguno de ellos, y ahora... ¡diantre, iba a trabajar en un rover!

CAPÍTULO 12

FASE DE NAVEGACIÓN

Dominar la ingeniería mientras se controla una realidad familiar

En enero de 2016, estaba oficialmente listo para co-menzar mi misión a Marte. Pasaría los siguientes ocho meses en Los Ángeles, en JPL, antes de empezar mis estudios de posgrado en la Universidad de Michigan en otoño. Al llegar, tuve que buscar alojamiento y transporte. Como iba a quedarme en Los Ángeles menos de un año, no me pareció que valiera la pena gastar dinero en un carro; conté con los Zipcars para hacer recados y explorar la ciudad. A los pocos días, me compré una bicicleta, que utilizaba para los trayec-tos de siete minutos de ida y vuelta al trabajo, ya que había tenido suerte y había encontrado una habitación en una casa situada justo a las afueras de la puerta este de JPL.

Aquellos paseos en bici me trajeron a la memoria mi se-gundo año en la secundaria, cuando Serge y yo calculamos cuánto tardaríamos en ir en bici a la escuela desde nuestras respectivas casas en Brooklyn. Cuando nos dimos cuenta de que se tardaba lo mismo que en transporte público, decidimos probarlo. Salimos de nuestras casas a las cinco y media de la mañana, nos encontramos en algún lugar de Flatbush y bajamos a toda velocidad por las calles sin tráfico y sobre el Brooklyn Bridge mientras el sol salía a nuestras espaldas; a las siete de la mañana ya estábamos en el Lower East Side saludando a nuestros compañeros mientras entrábamos al edificio de la escuela. Pensamos que se convertiría en un hábito, pero a medida que el verano se convirtió en otoño y la temperatura empezó a bajar, también lo hizo nuestro compromiso con los viajes en bicicleta.

Echaba de menos a mis amigos de casa, pero habíamos conseguido seguir viéndonos durante nuestras vacaciones de verano e invierno y nos visitábamos siempre que podíamos, así que nuestros lazos seguían siendo fuertes. Por suerte, Los Ángeles era un territorio conocido, ya que había pasado allí varios meses durante mi pasantía en SpaceX y tenía a algunos de mis viejos amigos cerca, así que escapar del crudo invierno de Michigan para ir a la soleada California no me hizo mal alguno.

Las primeras semanas en JPL fueron de preparación y formación para convertirme en un miembro productivo del equipo: recibí desde entrenamiento en ambientes asépticos hasta instrucciones sobre cómo manipular elementos críticos, como el hardware de vuelo que se colocaría en la nave espacial de Marte destinada a surcar el espacio. También eran importantes los protocolos de seguridad sobre cómo manejarme en estos laboratorios, por ejemplo, cómo conectarme a tierra cuando trabajaba con equipos eléctricos, de modo que, si se producía algún tipo de cortocircuito, la corriente se redirigiera a través de una envoltura que debía llevar alrededor del brazo, evitando posibles heridas o incluso la muerte. También estaba en la lista la prevención de los golpes de calor mientras trabajaba en el Mars Yard, un patio exterior excavado en las colinas circundantes, que simulaba un paisaje marciano, donde probábamos diferentes prototipos.

Cuando empecé, en nuestro grupo sólo había otra persona a tiempo completo y unos cuantos contratistas, además de nuestros dos directores. Nuestra tarea principal en los meses siguientes consistió en transformar los restos del hardware de apoyo en tierra para pruebas que se había utilizado anteriormente para el Mars Science Laboratory (MSL) —cuyo rover, *Curiosity*, había aterrizado en Marte en agosto de 2012— para poder reutilizarlo en nuestra misión actual. La arquitectura de la misión Mars 2020 y gran parte del hardware que llevaría su rover se diseñaron para que fueran similares, si no iguales, a los que se habían utilizado en el MSL. Al reutilizar todo lo posible, podíamos dedicar nuestros recursos a añadir nuevos instrumentos y comprar hardware más moderno cuando fuera necesario. Esto se extendió no solo al rover en sí, sino también a los métodos de prueba y a las campañas, que son cronogramas de eventos y objetivos utilizados para generar confianza en el diseño del sistema. El problema más grande que nadie en el equipo previó fue que, al suponer que reutilizaríamos la arquitectura y el método general de la misión anterior, se presupuestó menos dinero para este trabajo, lo que se tradujo en menos personal. No habría pasado nada si el proceso hubiera sido tan bueno como creía JPL, pero pronto nos dimos cuenta de que algunos de los antiguos procedimientos no tenían sentido para esta nueva misión, por lo que la carga de trabajo y la presión que sentíamos se intensificaron.

Al desarrollar y diseñar el hardware de Marte 2020, lo agrupamos en varios niveles y, a medida que pasamos de uno a otro, nos acercamos cada vez más al hardware de vuelo final que se lanzaría al espacio. Empezamos con prototipos, placas de circuitos impresos con cables de prueba y componentes. Luego pasamos a las placas de pruebas, un hardware de mayor fidelidad y más cercano a la funcionalidad del hardware de vuelo. Una vez que empezamos a solidificar nuestro diseño con las placas de pruebas, pudimos crear los modelos de ingeniería que funcionan como el diseño de vuelo. Sin embargo, los modelos de ingeniería no tienen que ser construidos para soportar las violentas sacudidas que experimenta el lanzamiento de un cohete ni la radiación que el hardware de vuelo puede experimentar en el espacio. Su funcionalidad es la misma que la del hardware de vuelo final, pero sin los componentes adicionales necesarios para sobrevivir al entorno espacial extremo. Todo eso es el resultado de años de ensayo y error, una resolución profunda de problemas y una amplia colaboración entre colegas.

El diseño final era el hardware de vuelo, construido para soportar todas las cargas dinámicas de un cohete, así como para absorber o soportar los impactos de cualquier acontecimiento violento, como la entrada, el descenso y el aterrizaje. También debía resistir las fluctuaciones extremas de temperatura durante el vuelo y la misión, así como ser capaz de soportar altos niveles de radiación.

El hardware de vuelo es mucho más caro que los anteriores niveles de hardware mencionados; por eso construimos hasta modelos de ingeniería, que a menudo sirven como bancos de pruebas. En otras palabras, si nuestro hardware de vuelo tiene problemas en el espacio, podemos reproducirlo con nuestros modelos de ingeniería en la Tierra y mantener el hardware de vuelo lo más inmaculado posible. Los modelos se utilizan para realizar pruebas extenuantes a las que no someteríamos al costoso hardware de vuelo. Si encontramos problemas en los modelos de ingeniería, debemos tener en cuenta si también los encontraremos en el hardware de vuelo. Es un fastidio, pero como todavía no podemos enviar un mecánico al espacio, con los modelos de ingeniería podemos desmontar cosas, arreglar componentes o sustituirlos cuando sea necesario, y actualizar físicamente el hardware de vuelo mientras aún está en la Tierra.

Una vez lanzado al espacio, si surgen problemas imprevistos, no es el fin del mundo (o eso esperamos), pero ya no podemos modificar físicamente el hardware. La única forma de encontrar soluciones o parches es mediante software o restringiendo el uso del hardware en el espacio. Por ejemplo, si nos damos cuenta de que no podemos utilizar un determinado instrumento mientras conducimos el rover, debemos añadir una restricción a la misión para indicar que este instrumento no debe utilizarse mientras el vehículo esté en movimiento.

Los subsistemas son placas de circuitos agrupadas en cajas en función de a qué corresponden, como el controlador del motor del rover, su elemento informático, su sistema de comunicación o cualquiera de sus instrumentos, por dar algunos ejemplos. Cuando empezamos a conectar estos subsistemas, pudimos ver diferentes interacciones que antes no podíamos observar bien y fue entonces cuando empezamos a encontrar problemas potenciales en las interacciones entre el hardware y el software. Por ejemplo, qué podíamos utilizar en paralelo y qué no, y qué podía generar ruido eléctrico y afectar a otro componente. Era como ejecutar un sistema operativo para poner en marcha el software de tu videochat favorito y, al mismo tiempo, permitir el uso de la cámara: procesos independientes que utilizan subsistemas distintos dentro de la computadora. En otras palabras, cuando empezamos a integrar estos subsistemas, pudimos encontrar los fallos en las distintas rutas de datos y de cobre. El objetivo era verificar que todos los comportamientos diseñados funcionaran según lo previsto —a lo cual le decimos «verificación y validación», una frase que utilizamos mucho— y encontrar y corregir tantos fallos como fuera posible antes de lanzar el vehículo al espacio.

Si utilizábamos el equipo equivocado para realizar determinadas mediciones, podíamos fácilmente dañar piezas, así que, en caso de duda, siempre volvía a consultar a mis colegas. No hay preguntas tontas, sobre todo cuando se trata de un hardware tan caro que podría romperse si se conecta mal. Por suerte, siempre trabajamos en pares para verificar nuestros trabajos mutuamente.

Además del trabajo en el banco de pruebas, me pidieron que participara en un divertido proyecto paralelo: un rover más pequeño, también conocido como ROV-E, destinado a la divulgación, ideado por el entonces director de JPL, el galardonado ingeniero eléctrico Charles Elachi. Durante sus dieciséis años en JPL, Charles Elachi supervisó el lanzamiento de veinticuatro misiones y, antes de eso, había sido pionero en el desarrollo de radares espaciales para tomar imágenes de la Tierra y otros planetas. Charles también había presidido comités que elaboraron mapas de la NASA para la exploración de nuestro sistema solar, otros sistemas solares y Marte. Ahora yo tenía que poner el ROV-E a punto, no solo para la divulgación comunitaria, sino también para la fiesta de jubilación de este gigante de la ingeniería; eso significaba que tenía seis meses para solucionar todos los problemas y conseguir que el pequeño rover fuera operativo. Agradecí este reto porque me permitió alejarme de la ingeniería eléctrica que había estado aplicando a los bancos de pruebas y darme el gustito de meterme en la ingeniería mecánica.

Primero, aproveché algunos de los conocimientos adquiridos en el curso de Diseño y Viabilidad de producción de hacía unos meses y rediseñé los cubos de los motores, el soporte de las baterías y el interior de la cabeza del vehículo para que pudiera sujetar correctamente las cámaras que transmitirían vídeo en directo mientras se desplazaba. También construí kits de herramientas con tarjetas de instrucciones y los metí en bolsas pequeñas para que el equipo de divulgación tuviera acceso rápido a cómo arreglar cualquier cosa que pudiera romperse durante una demostración. Cuando llegó la fiesta de jubilación de Charles Elachi, ya estaba listo para rodar con el ROV-E. Mi jefe había construido una casita y una rampa para la ocasión: allí escondimos el ROV-E. Cuando empezó la ceremonia, me escondí entre bastidores y conduje el ROV-E a distancia fuera de su casita y por la rampa, interrumpiendo el discurso de Charles a media frase. Entonces, la voz del pequeño robot —de Adam Steltzner, ingeniero jefe del vehículo de entrada, descenso y aterrizaje de Marte 2020 y una de las principales personas a las que se les ocurrió la idea de utilizar una maniobra de grúa para aterrizar en Marte— procedió a bromear con Charles. Por último, lo conduje de vuelta a la rampa y conseguí que levantara una de sus patas y saludara. La presentación duró menos de un minuto, pero el público (y Charles) quedaron encantados. Esa misma noche, en la gala, yo era el único pasante rodeado de peces gordos de la industria aeroespacial, como el célebre ingeniero Bill Nye y el presidente de SpaceX, Gwynne Shotwell. Nadie podía borrar la sonrisa dibujada en mi rostro; aquella noche fue decisiva en mi vida, ya que empecé a asimilar la seriedad de dónde estaba y en quién me estaba convirtiendo: me encontraba entre los gigantes de mi campo y estaba en camino de convertirme algún día en uno de ellos; lo que antes era solo un sueño se estaba volviendo mi realidad. Escuchaba a la gente elogiar a Charles por su larga lista de logros mientras comía galletas decoradas con su cara y deseaba algún día tener una reunión similar para celebrar mi exitosa carrera, quizá incluso con mi cara en algunas galletas.

A medida que pasaban los meses, seguía teniendo más momentos en los que alcazaba objetivos y cumplía sueños. Aunque ya no tenía un cargo oficial en SHPE, continué participando en eventos como la conferencia regional, que se celebró en la Universidad Estatal de Arizona esa primavera. La conferencia incluyó talleres de liderazgo dirigidos a estudiantes universitarios y sirvió como una gran oportunidad para establecer contactos entre las secciones de sus respectivas regiones. En esta ocasión, decidí centrarme en crear un programa de conferencias que atrajera a graduados como yo, que ya habían asistido a innumerables conferencias, habían establecido contactos y sabían qué esperar. Invité a ponentes técnicos para que hablaran de temas de actualidad en sus campos. Tuvimos a un experto en drones, a un director de un curso de codificación y a un empleado de una gran empresa tecnológica que habló de liderazgo, macrodatos e inteligencia artificial. JPL también tenía un stand en la conferencia, pero esta vez me encontraba al otro lado de la mesa ayudando a reclutar becarios para puestos que podrían cambiarles la vida. Por primera vez, mi mundo profesional y de divulgación chocaron, y tuve la oportunidad y el honor de seguir abriendo el camino que otros habían abierto antes que yo, elevando a los demás a medida que yo subía.

Ese verano, mami, que se había mudado a Florida con Xavier tras la muerte de Niní, empezó a sufrir ataques de ansiedad y pánico más fuertes. Hasta entonces, habían sido mucho más esporádicos y los habíamos atribuido a ciertos periodos estresantes de su vida, como los años de lucha por llegar a fin de mes o incluso el reciente fallecimiento de Niní. Pero cuando fui a visitarla durante mi cumpleaños en abril, me di cuenta de que su comportamiento se había vuelto mucho más errático: se paseaba por la casa, cerraba todas las persianas para evitar que alguien mirara dentro, se negaba a ir a cualquier parte y sus noches eran cada vez más inquietas; Xavier no sabía qué hacer. Ella aún no tenía Medicare, y estaban algo perdidos y abrumados a la hora de solicitar ayudas federales y locales, así que empecé a considerar la opción de llevármela a Michigan durante un año para que viviera conmigo.

Hice cálculos para ver cuánto ganaría al mes con el puesto de profesor en práctica que había aceptado y qué presupuesto necesitaría para mantener a mi mamá si llegaba el caso. ¿Podría conseguir un apartamento para nosotros, comida, cubrir los gastos semanales y aun así estar bien? Sí. ¿Podría ahorrar lo suficiente para pagar mis préstamos estudiantiles después de graduarme? No, pero sabía que podría hacerlo más adelante. ¿Podría volver a vivir con mi mamá después de cinco años?

Claro que sí; ella había sido mi refugio durante tantos años, ahora me tocaba a mí ser el suyo.

Le propuse la mudanza como una forma de ayudarla a resolver sus problemas con el seguro y otros asuntos relacionados con la salud, y aceptó con gratitud. Les expliqué mi situación a los que iban a ser mis compañeros de piso y encontré un apartamento de una habitación para mami y para mí a solo cinco minutos en bicicleta del North Campus, donde tendría todas mis clases ese año. No me preocupaba en absoluto tener que compartir habitación con mi mamá; ya lo habíamos hecho antes. Le advertí que no estaría mucho en casa durante la semana; en cuanto empezaran las clases, mi supercerebro se reactivaría y empezaría a vivir y respirar el trabajo académico.

En nuestro primer día en el apartamento, gracias a uno de mis amigos, ya teníamos un colchón grande para dormir. Luego fuimos al Salvation Army a comprar algunas cosas básicas, como una mesa de comedor improvisada y un par de sillas. También aproveché ese tiempo para empezar a familiarizarla con la ciudad y su distribución. Mientras hacíamos que el lugar se sintiera un poco más hogareño, mi mamá sacó dos obras de arte enmarcadas que solían adornar las paredes de nuestro estudio en Caguas, Puerto Rico. Cuando las colgó en la pared, sentí que viajaba atrás en el tiempo.

Al empezar el semestre, ya estábamos instalados en nuestra nueva casa y su Medicare y demás beneficios, que yo había gestionado gracias a un centro de salud local, empezaron a funcionar. A partir de entonces, pudo buscar ayuda para su ansiedad y sus ataques de pánico sin estresarse por una factura que podría dejarle una deuda paralizante de por vida.

Ahora que todo iba bien con mi mamá, empecé a concentrarme en el semestre que me esperaba. Ese año decidí tomar cursos de dos programas de maestría: el que yo había elegido, Sistemas y Diseño Integrativos (ISD, por sus siglas en inglés), y Ciencias e Ingeniería del Clima y el Espacio (CLASP, por sus siglas en inglés). Una vez completadas las clases obligatorias, ISD me permitió personalizar mi maestría, lo cual significaba que podía tomar cursos de otros programas relacionados. Después de pasar ocho meses en JPL, sabía cuáles podrían beneficiarme más y qué necesitaba repasar, así que aproveché el sistema y lo hice funcionar para mí.

Por si mi carga lectiva no fuera suficiente, también impartía clases de Diseño y Fabricación a estudiantes de tercer año como estudiante instructor (GSI, por sus siglas en inglés). Los profesores impartían las clases principales, mientras que los GSI diseñaban los laboratorios, incluidos los contenidos, las clases y los ejercicios que los acompañaban. Tenía unos treinta estudiantes a mi cargo; las horas de oficina también formaban parte del trato para ayudar a los estudiantes con las tareas y los proyectos que debían hacer al final del semestre.

Hay un cierto tono en mi voz cuando enseño que exige atención y respeto. Procede de un lugar de autoridad técnica para hablar de temas con confianza, pero algunos alumnos lo interpretaban como algo intimidatorio. Sí, fui un profesor duro. Les llamaba la atención cuando no hacían una tarea y también era extremadamente específico sobre lo que quería ver en su comunicación técnica, porque después de mis diferentes experiencias laborales, por fin entendía por qué mis profesores habían puesto tanto énfasis en esta parte de nuestras clases. Ser capaz de comunicarse con claridad es la mitad de la batalla en una misión de la vida real. Por otra parte, yo también era tolerante y justo a la hora de calificar, y siempre les decía que me gustaba recibir comentarios sinceros sobre mi propio trabajo con ellos. Todavía tenía fresco en la memoria el recuerdo de haber sido menospreciado en clase por algunos profesores por no estar a la altura de lo que ellos esperaban, y era algo que no quería repetir. Me propuse crear un entorno en el que los estudiantes se sintieran libres para hablar, preguntar y desafiarme. Quería mejorar como profesor y asegurarme de que hacía todo lo posible para ayudarlos a entender y asimilar los temas que tratábamos.

Aunque siempre estaba dispuesto a escucharlos, a veces trastabillaba con mi capacidad de empatía. Mi política de puertas abiertas atrajo una vez a una estudiante que se sintió lo bastante cómoda para decirme que creía que a veces yo era demasiado duro con la clase, y que le gustaría que me tomara más tiempo para detenerme y escuchar antes de dar mi opinión. Me alegré mucho de que sacara el tema: escuchar es una habilidad en la que sigo trabajando todo el tiempo. He aprendido que, aunque a menudo estoy ansioso por aportar lo que sé, puedo tomarme mi tiempo y hacer todo lo posible por no adelantarme a mí mismo y a los demás en un entorno de trabajo o aprendizaje.

Siempre que podía, me esforzaba por venir a casa a cenar para compartir una comida con mami, como ella había hecho cuando yo era niño y ella tenía varios trabajos para llegar a fin de mes. Mami parecía adaptarse bien a Ann Arbor. A veces me esperaba con una caja de pizza de la vuelta de la esquina. También pasábamos tiempo juntos los fines de semana, que era cuando me aseguraba de que acudiera a sus citas médicas y estuviera al día con su salud mental.

Mientras tanto, ella empezó a pasear por la ciudad para familiarizarse con la zona y con el tiempo encontró una iglesia católica en el centro de Ann Arbor donde empezó a construir su pequeña comunidad. Si el clima lo permitía, caminaba una hora de ida y otra de vuelta, un agradable paseo hasta que llegaban las temperaturas gélidas; entonces tomaba el autobús o pedía un Uber. La admiraba por arriesgarse a desafiar la impredecible ansiedad y los ataques de pánico que a veces conseguían paralizarla.

A medida que pasaron los meses, comenzó a aumentar su ansiedad. A menudo se despertaba en mitad de la noche, con el corazón acelerado en medio de un ataque de pánico. Una vez se levantó de la cama para ver si eso la ayudaba y tropezó de camino a la sala. Me desperté con el fuerte golpe, corrí a su lado y me alivió ver que no se había roto nada. Al cabo de un tiempo, me acostumbré a que se levantara en mitad de la noche, se fuera al sofá y volviera a la cama un rato más tarde; pero cuando tenía que asistir a una conferencia fuera de la ciudad y no podía llevarla conmigo, un trasfondo de preocupación asediaba mis días. Con el fin de mantener la calma, la llamaba varias veces al día para cerciorarme de que todo estaba en orden en casa. Por suerte, siempre tenía un amigo que se ofrecía a pasar un par de noches con ella para asegurarse de que estuviera bien.

De algún modo, pude encontrar un equilibrio entre mi carga de trabajo y la nube de preocupación que se cernía sobre mi cabeza en cuanto a mi mamá, pero mi autocuidado se quedó por el camino: dejé de hacer ejercicio, pero seguía tan vorazmente hambriento como cuando hacía ejercicio y levantaba pesas con regularidad. Había demasiado que hacer, demasiado de lo que ocuparme como para poner mis necesidades en primer lugar. Cuando las cosas se ponen cuesta arriba, hago todo lo posible por arreglarlas, a menudo descuidando mi propia salud mental y física. Es justo decir que tengo un enfoque productivo, pero volcarme en el trabajo descuidando mi bienestar es un comportamiento maquinal centrado únicamente en los resultados y eso me ha llevado al agotamiento en más de una ocasión. Cuidar de mi mamá me impulsó a superarme en la escuela y como GSI. No se trataba solo de hacer que se sintiera orgullosa, sino de asegurarme de tener las habilidades necesarias para conseguir un puesto bien remunerado después de graduarme.

Mami había dejado todo de lado para mantenerme y protegerme, para darme una vida mejor. También había tenido siempre en cuenta las necesidades de sus alumnos, de sus colegas, y cómo la percibían en el trabajo, preocupada siempre por todos menos por sí misma. Esto, junto a alquileres caros y sueldos bajos que no le dejaban margen para invertir, había hecho que nunca pudiera acumular ahorros para asegurarse una buena jubilación. Xavier y yo empezamos a darnos cuenta de que, como muchos hijos de inmigrantes de la primera generación, nosotros éramos la inversión de mami para su jubilación. Ella no podía estar a merced de su pensión mínima de Ecuador, ni del pequeño cheque de jubilación anticipada de la Seguridad Social que ahora recibía por sus años de trabajo en Estados Unidos: combinados, no alcanzaban para darle independencia económica; ella era nuestra responsabilidad, así que tenía que arrasar en mis clases para garantizar que podría cuidar de ella y de mí a partir de ese momento.

En lugar de subir los «*freshman fifteen*», que son las quince libras (siete kilos) que muchos aumentan durante el primer año en la universidad, cuando me gradué de la maestría había subido veinte libras (nueve kilos), o como yo les digo, los «*grad-school twenty*». Nunca había tenido abdominales ni músculos, así que estaba acostumbrado a ocultar mis pequeños michelines debajo de mis sudaderas o suéteres, pero ahora hasta estos me empezaron a quedar demasiado ajustados. Comencé a sentirme inseguro por mi aspecto y no quería tener que comprarme nada más grande que mi talla media. Empujar la actividad física al final de mi lista de cosas por hacer era un hábito que sabía que tenía que romper si quería cumplir conmigo mismo y con mi mamá a largo plazo. Sigo trabajando en mejorar eso.

Pasé el día anterior a mi graduación decorando la parte superior de mi birrete con la foto de un rover en Marte en medio de un fondo estrellado en el centro, una foto encima con el logotipo de JPL de la NASA, y en la parte inferior los logotipos de M-STEM, SHPE y CubeSat, que simbolizan mi red de apoyo y hacia dónde me dirigía después. A la mañana siguiente, nos despertamos a las siete y, con gran entusiasmo, me puse la toga, la estola con las banderas de Puerto Rico y Ecuador, y me coloqué con orgullo mi birrete personalizado. Luego me volví hacia mami, que también estaba vestida para el gran día, pero negó con la cabeza y desvió la mirada. La decepción se apoderó de mi corazón. «No, no puedo ir», susurró, derrotada. No se atrevía a enfrentarse a la abrumadora multitud de gente que se agolpaba en el estadio Big House de la Universidad de Michigan. Fue una de las pocas veces que perdí la paciencia con ella; me dolió, me enojé: quería que mami estuviera allí, que viera a su hijo caminar durante la ceremonia de graduación de su maestría. Después de haber defendido mi educación durante toda mi vida, no podía evitar pensar: «¿Cómo no tienes el valor para luchar por mí?». Si pudiera retroceder en el tiempo, me habría dado una bofetada y me habría dicho: «Muchacho de mierda, ¿de qué estás hablando?». Estaba demasiado inmerso en la trascendental ocasión para vislumbrar el panorama general. Mami estaba atravesando un punto álgido de su crisis de salud mental y sabía que exponerse a una multitud tan grande podría desencadenar un episodio. Lo último que quería era arruinarme el día. En cierto modo, estaba luchando por mí, pero yo no lo pude ver en ese momento.

A la mañana siguiente, que también era mi cumpleaños, me desperté y encontré a mami sonriente junto a una docena de magdalenas recién horneadas y decoradas con el logotipo de la Universidad de Michigan, y un precioso bizcocho azul de graduación-cumpleaños coronado con nuestro sistema planetario y tres velas, con la inscripción: «Para hoy, adiós. Para mañana, buena suerte. Para siempre, *¡go blue!*».

CORRECCIÓN DE LA TRAYECTORIA

Me preparo para alcanzar las estrellas

La NASA comenzó a enviar orbitadores a Marte en la década de 1970, con lo que logró captar las primeras imágenes del planeta rojo, así como el aterrizaje de las sondas *Viking*, pero tardó veinte años aterrizar el primer vehículo con ruedas en un planeta de nuestro sistema solar. El 4 de julio de 1997, *Sojourner* fue el primer rover que aterrizó con éxito en Marte. Con un peso de once kilos y solo treinta centímetros de alto, era lo que la NASA llamaría más tarde un «microrover». Diseñado para durar una semana, *Sojourner* llegó a los ochenta y tres días, durante los cuales realizó mediciones atmosféricas, estudió rocas y polvo, y consiguió tomar más de quinientas fotografías del Ares Vallis, un gran canal que parecía haber sido el lecho de antiguas riadas.

Luego llegaron *Spirit* y *Opportunity*, dos rovers gemelos que aterrizaron en lugares diferentes de Marte en enero de 2004. En los siete años transcurridos desde que *Sojourner* rodó por la superficie de Marte, la NASA había conseguido crear y construir estos «Adventure Twins», cada uno de los cuales pesaba ciento ochenta kilos y tenía aproximadamente el tamaño de un carrito de golf. Su misión, prevista de noventa días, superó con creces las expectativas, como ya mencioné anteriormente. *Spirit* llegó hasta 2010, cuando su rueda se atascó en la arena, lo cual le impidió seguir explorando; pero *Opportunity* continuó su exploración hasta 2018, lo que significa que cuando yo empecé a trabajar a tiempo completo en JPL, todavía estaba recorriendo la superficie de Marte. La aventura de *Opportunity* llegó a su fin cuando una tormenta de polvo planetario de varias semanas de duración rodeó cada centímetro de Marte. Aquel verano fui al Observatorio Griffith para asistir a su fiesta estelar mensual, en la que reciben a astrónomos aficionados que llevan sus telescopios para contemplar los planetas y las estrellas. Cuando puse el ojo contra el visor para ver Marte, en lugar de su famosa superposición de naranjas y rojos, vi una bola naranja lisa: el polvo cubrió todo el planeta, incluidos los paneles solares de *Opportunity*, lo que impidió la recarga de sus baterías y provocó su congelación final. q. e. p. d. Oppy.

La NASA había lanzado otro rover a Marte, *Curiosity*, que aterrizó en el cráter Gale el 5 de agosto de 2012. Esta fue la primera vez que se utilizaron un paracaídas supersónico, un vehículo de descenso controlado por chorro y la técnica de la grúa para acomodar el aterrizaje de este rover mucho más grande y pesado —novecientos kilos y aproximadamente del tamaño de un MINI Cooper—. Está equipado con diecisiete cámaras y herramientas, y sigue activo hoy en día.

La maniobra de la grúa surgió de una idea que empezó como un concepto dibujado en unas servilletas y ha demostrado ser una forma fiable de transportar a Marte complejos rovers exploradores de superficie. El concepto se inspiró en los helicópteros de carga pesada, pero el método se basa en propulsores en lugar de hélices, y al contrario de lo que ocurre con los helicópteros de carga pesada, cuando se entrega un rover, la grúa sale volando y se estrella en la superficie, lejos del vehículo. Como dijo Adam Steltzner sobre el diseño de la grúa: «Era la locura adecuada».

Ahora nos tocaba a nosotros con *Perseverance*, el rover cuyo lanzamiento estaba previsto para el 17 de julio de 2020, la misión Marte 2020. Nuestro rover es como un *Curiosity* mejorado, con un peso de mil kilos y un tamaño similar a *Curiosity*. Además de capturar fotos deslumbrantes y datos esenciales, uno de sus objetivos clave es recoger muestras de rocas y sedimentos marcianos en busca de signos de antigua vida microbiana. Cuando me incorporé a la misión en 2017, la NASA estaba en la fase de pruebas, y aún quedaba camino por recorrer antes de que *Perseverance* estuviera totalmente construido y fuera funcional.

Los rover *Sojourner, Spirit, Opportunity, Curiosity, Perseverance* —y en abril de 2020 el helicóptero *Ingenuity*— recibieron sus nombres a través de concursos de nombres que requerían que estudiantes desde el jardín de infantes hasta el último año de la secundaria presentaran un ensayo explicando por qué el nombre que proponían sería el que mejor representaría al nuevo vehículo de Marte. Entre 28 000 propuestas de todo Estados Unidos en 2019, el ensayo ganador, seleccionado por la NASA, fue presentado por Alex Mather, estudiante de séptimo grado. Él señaló que muchos de los nombres de los anteriores vehículos exploradores eran cualidades que poseemos, rasgos necesarios para explorar el espacio, pero olvidamos la más importante: la perseverancia. «La raza humana siempre perseverará en el futuro». Gracias, Alex, por ese sentimiento resiliente.

Aún nos quedaban tres años hasta la fecha oficial de lanzamiento en 2020, y serían tres de los años más intensos de mi vida. Como ya había pasado ocho meses en JPL, me puse manos a la obra al regresar aquel verano. Esta vez llevé a mi mamá conmigo a California para que se quedara cerca de un mes. Mi sobrina mayor, Amber, voló para pasar la última semana de ese mes con nosotros y luego llevar a mami de vuelta a casa en Florida.

Para cuando se fueron de Los Ángeles, yo ya llevaba una semana trabajando en JPL. Técnicamente, aún era pasante porque estaba terminando mis prácticas y el informe para la maestría que debía entregar en agosto; pero a todos los efectos, era ingeniero de pruebas de sistemas a tiempo completo. Mientras comenzaba a sumergirme en el trabajo que se apoderaría por completo de mi vida durante los siguientes cuatro años, aquella primavera tuve la oportunidad de ver por primera vez, en vivo y en directo, el lanzamiento de un cohete.

Ni una nube salpicaba el cielo aquella mañana en Lompoc, California. Mis amigos y yo emprendimos el viaje de dos horas a primera hora, entusiasmados por ver despegar el cohete *Falcon 9* de SpaceX desde la base aérea de Vandenberg. La misión Iridium 2 iba a enviar a la órbita terrestre baja diez de los setenta y siete satélites Iridium previstos para proporcionar servicio móvil por satélite a diversos dispositivos portátiles. Mi amigo Justin Foley, que también formaba parte del equipo del banco de pruebas, había estado aquí muchas veces para otros lanzamientos, por lo que conocía bien el lugar. Es astrofotógrafo aficionado y también graba lanzamientos de cohetes. Nos instalamos en el lugar elegido, bastante lejos pero con una vista despejada del cohete, y luego esperamos. Al fin, el estruendo de los motores retumbó en nuestros cuerpos mientras el cohete se elevaba hacia el cielo. El momento duró solo unos minutos, pero el rugido de aquel cohete dejó una impresión duradera y enseguida puso mi trabajo en perspectiva. Ahora tenía una imagen en vivo de lo que nuestro rover tendría que soportar para sobrevivir al lanzamiento y llegar al espacio, por no hablar de los meses de viaje a Marte. Teníamos mucho trabajo por delante. Después de que el cohete desapareciera en las profundidades del cielo azul, nos dirigimos al cercano Martian Ranch & Vineyard para brindar por los recuerdos que estábamos creando y por el largo camino que nos quedaba por recorrer.

El 20 de septiembre de 2017, el huracán María de categoría 5 golpeó mi querido Puerto Rico; azotó la isla durante las siguientes cuarenta y ocho horas, arrancó árboles, provocó cortes de electricidad y de teléfono, e infligió una devastación catastrófica en todo el territorio. Fue un periodo aterrador de horas en el que a los que teníamos seres queridos en el camino de la destrucción no nos quedó otra que esperar y rezar por que estuvieran bien. Mientras aguardábamos cualquier tipo de noticias, mi mente arregla-todo se puso en marcha: necesitaba hacer algo para canalizar mi impotencia y convertirla en acción. Me junté con una puertorriqueña que trabajaba en otro equipo de JPL para empezar a recaudar donaciones, de modo que estuviéramos listos para enviarlas tan pronto como fuera posible. El alivio nos invadió a ambos cuando por fin se rompió el silencio cargado de preocupación y tuvimos noticias de nuestros respectivos familiares y amigos. La mayoría había sufrido daños materiales en sus casas y en las calles circundantes, pero por lo demás la gente en nuestros círculos estaba bien. Rosa y Sonia describieron la experiencia como un motor a reacción encendido que aspiraba todo por los aires. A medida que se iban conociendo más noticias sobre la magnitud de los daños sufridos, mi amiga y yo seguimos organizando donaciones en Los Ángeles, era todo lo que podíamos hacer en aquel momento.

Tuve que cargar con mi preocupación mientras seguía trabajando. Me asignaron a las pruebas de aviónica y funciones térmicas. En términos sencillos, el rover tiene dos cerebros: su cerebro principal para el día a día y lo que yo llamo su cerebro de lagarto. El cerebro de lagarto siempre está funcionando en segundo plano, listo para luchar o huir. Este comprueba que la computadora central, o cerebro principal, funcione correctamente. Si algo falla en el cerebro principal, el cerebro de lagarto puede pasar por determinados estados para mantener el sistema en un nivel básico de seguridad, poniendo al rover en una configuración parcialmente autónoma que nos da tiempo de averiguar qué introducir para reconfigurar de forma segura su hardware.

El comportamiento térmico del vehículo es lo que ayuda a mantenerlo vivo durante la noche, cuando las temperaturas de Marte pueden descender hasta a -73°C o menos, dependiendo de la estación. Hay determinados instrumentos y mecanismos que solo pueden funcionar dentro de un rango específico de temperaturas: si se enfrían demasiado, debemos ser capaces de calentarlos; si están demasiado calientes, tenemos que dejar de utilizarlos o enfriarlos activamente hasta el rango en el que queremos que funcionen. A medida que nos adentrábamos en la fase de «manos a la obra» antes de nuestro lanzamiento en julio de 2020, supe que, si quería ser un miembro eficaz y exitoso del equipo, tenía que tomar la decisión consciente de dar prioridad a mi trabajo, no sin antes hacer una parada para pasar las Navidades con mi familia.

Esta vez nos reunimos en Florida. Mis abuelos, que no viajaban a menudo, nos acompañaron desde Nueva York. También pude reencontrarme con Sonia y Robert, que estaban viviendo temporalmente en la zona mientras se recuperaban de los daños causados por el huracán María en casa. Mientras mi abuelo se aseguraba de que la televisión y la música estuvieran preparadas y listas para nuestra reunión, mi abuela se puso a trabajar en la cocina, preparando su famosa cazuela o caldo de bola con guarniciones extra para mantenernos a todos alimentados, llenos y felices. Mis tíos les echaron una mano mientras se reían unos de otros y se burlaban de mis primos. Y no podía faltar una ronda de Telefunken (un juego parecido al rummy), con apuestas de hasta dos dólares por persona y ronda.

Lo mejor de esas vacaciones no fue solo pasar tiempo con mis parientes y mi familia elegida, sino también tener la oportunidad de llevar a mi abuelo de noventa y un años y a mi hermano al Kennedy Center, la primera vez para los tres. Entrar en el centro y de repente estar en presencia de todo este anticuado hardware me dejó sin aliento. La exposición sobre el lanzador *Saturno V* me hizo sentir demasiado pequeño. Me maravilló ver cómo el equipo de los años cincuenta fue capaz de diseñar el impresionante hardware que se exhibía ante mí con la limitada tecnología a la que tenían acceso en comparación con la que tenemos ahora. Claro que tenían un presupuesto bastante mayor y miles de personas trabajando en un problema, lo cual no es un lujo del que disfrutemos nosotros, pero no disponían de nuestro software ni de procedimientos automatizados y lo hacían todo por primera vez. Por si todo esto no fuera suficiente, estar allí como ingeniero de la NASA, recorriendo todo el centro con mi abuelo, como su guía turístico, explicando cada pieza que teníamos ante nosotros, fue para mí un punto de inflexión sin igual. Me detuve varias veces, miré a mi abuelo y le pregunté en voz baja: «Abuelo, ¿estás bien? ¿Quieres que nos sentemos un rato a descansar?», pero él se negó rotundamente a hacer ninguna pausa, quizás empujado por un sentimiento de orgullo por su capacidad para caminar, así como por la sensación de asombro que se había apoderado de todos nosotros al presenciar esta maquinaria que hizo historia. Fue un recordatorio inequívoco del legado que ahora estaba ayudando a construir con la misión Marte 2020.

Inspirado por la historia que había presenciado en el Kennedy Center, y con un renovado propósito, tenía más ganas que nunca de sumergirme aún más en la misión que estaba en juego. En febrero de 2018 me encontré interactuando por primera vez con el helicóptero *Ingenuity*, y más concretamente con su estación base, un componente del sistema de helicóptero que viviría en el rover. Esta es la pieza de hardware que se comunicaría con el helicóptero en Marte. Estábamos desarrollando las capacidades, el hardware, todo para cumplir con una demostración tecnológica para probar el primer vuelo a motor en Marte, pero la NASA aún no había dado el visto bueno para incluirlo en la misión Marte 2020. Así que estábamos trabajando con la esperanza de que al final se diera luz verde y seguimos avanzando en el lado del rover, considerando cómo transportaríamos el helicóptero, cómo nos comunicaríamos con él y cómo lo operaríamos desde esta estación base. Al principio, muchos de los que trabajaban en la integración del rover se oponían a la idea de integrar el helicóptero como un sistema independiente, porque eso significaba que también tendría su propia batería. ¿Qué pasaría si la batería se incendiaba mientras recorría el espacio o la superficie de Marte? ¿Qué daños le causaría al rover? Algunos pensaban: «No hay forma de que el helicóptero funcione»; otros decían: «No hay manera de que puedan hacer todo este trabajo a tiempo»; y otros pensaban: «Este helicóptero será una distracción para el resto de la ciencia que tiene que realizar el rover». ¿Era arriesgado hacer todo este trabajo para un helicóptero que quizá nunca despegaría? Sí, pero era un riesgo que algunos estábamos dispuestos a correr.

A medida que se acercaba el verano, puse mi mente en Puerto Rico y en los riesgos y sacrificios que la gente se había visto obligada a asumir cuando el huracán María azotó sus costas. La isla distaba mucho de haberse recuperado de los daños sufridos poco menos de un año antes, y mi colega (ahora novia) y yo seguíamos deseosos de ayudar en todo lo que pudiéramos. Decidí utilizar mis redes sociales para ponerme en contacto con profesores de Puerto Rico y ver cómo podíamos ayudar ese verano.

Enseguida recibí la respuesta de un amigo de la Universidad de Michigan cuya mamá tenía una colega, Marisa, que necesitaba ayuda. Con la bendición de la comunidad, ella y su marido habían decidido hacerse cargo de una escuela abandonada en Los Naranjos —un barrio en Vega Baja, cerca de Dorado— y convertirla en un centro comunitario. Los vecinos habían perdido tanto durante el huracán que ella estaba empeñada en cambiar las cosas; ahora buscaban voluntarios para poner en marcha el centro. Mi novia y yo creamos un programa STEM de tres días para niños de entre ocho y quince años, llamado Ingenieros del Futuro. Las actividades que planeamos introducían a los niños a conceptos básicos de ingeniería y giraban en torno a tres temas: robótica, electricidad y cohetes. Creé un GoFundMe para ayudar a pagar parte de los materiales, mientras que todo lo demás lo pagamos de nuestro bolsillo.

Cuando llegamos, ver la devastación de primera mano me sacó de órbita y me empujó momentáneamente a un vacío impotente. Mientras conducía con cuidado por los cruces en los que los semáforos se habían apagado debido a la falta de electricidad, observé los árboles esparcidos por la zona como ramas gigantes, los tejados desplazados, los cables eléctricos cortados, e intenté almacenar estos datos desgarradores en un rincón de mi mente para poder encontrar el camino de vuelta a nuestro objetivo principal: los niños. Me daría tiempo para procesar esta oscilación emocional más tarde, cuando volviera a casa.

De inmediato pusimos a los niños a trabajar y a construir varios proyectos —un robot básico, un carro eléctrico que funcionaba con un panel solar, un modelo de satélite y una turbina eólica— para ilustrar la robótica, la energía sostenible y la exploración espacial. También programamos tiempo al aire libre para dar un respiro a sus cerebros y quemar algo de energía jugando al fútbol con nosotros. Para el último proyecto de esos tres días, les enseñé a construir un cohete con una botella de plástico de dos litros y algunos otros componentes fáciles de conseguir. También había comprado un sistema de lanzamiento de botellas que bombeaba los cohetes y tenía un gatillo que permitía a cada niño lanzar su propio cohete al aire. Una vez que alcanzaba cierta altura, un paracaídas que habían construido ellos mismos en el interior del cohete se lanzaba al aire, aterrizando de forma segura su creación. Durante cada lanzamiento, descenso y aterrizaje, su creciente entusiasmo por seguir trabajando con la tecnología y buscar oportunidades en STEM me dio esperanzas para el pueblo de Puerto Rico. En la actualidad, la isla tiene que importar la mayor parte de sus alimentos, a pesar de que en el pasado dependía por completo de su propio sector agrícola. Con una agrotecnología cada vez más accesible, combinada con el desarrollo de la hidroponía, la agricultura vertical y más, creo que este sector tiene el potencial de florecer y prosperar en Puerto Rico; pero necesitarán trabajadores STEM dedicados a esto para hacerlo realidad. Lo mismo ocurre con la siempre controvertida red eléctrica. A medida que el almacenamiento de energía y la energía solar, hidroeléctrica y eólica sean más accesibles, las microrredes prosperarán, y también lo harán los puestos de trabajo relacionados con estos sistemas renovables.

Sinergia Los Naranjos sigue activa en la comunidad. Marisa ha puesto en marcha una exitosa cocina para que la gente monte negocios de *catering*, y su marido, Ricardo, dirige una iniciativa de restauración de arrecifes en la que participan muchos niños y reciben formación de submarinismo. Los talleres se organizan en colaboración con grupos de estudiantes de universidades cercanas, sobre todo gracias a la financiación y los esfuerzos de la población. Estos niños tienen el poder de construir un futuro mejor y espero poder seguir estando a su lado y fomentar estos avances a través de la divulgación, la filantropía y la influencia política.

En la primavera de 2019, estaba trabajando con algunos miembros del equipo para probar la capacidad de nuestro rover de cargar la batería del helicóptero a través de su estación base mientras atravesaba el espacio. Las baterías, incluidas las de computadoras y teléfonos móviles, que se dejan sin cargar durante un largo periodo pierden sus propiedades y no pueden recuperar su potencial. Del mismo modo, sobrecargar una batería y dejarla almacenada durante mucho tiempo degradará su vida útil. Tuvimos que averiguar cuál era el punto óptimo para la batería del helicóptero, cómo medir esa carga y, a partir de ahí, cómo cargarla desde la batería del rover. Una vez que lo averiguamos a base de ensayos y errores, y al fin comprobamos lo que funcionaba, tuvimos que idear la secuencia de pasos necesarios para cargar el helicóptero mientras volaba por el espacio. Fue una serie de pruebas complicadas que nos llevaron mucho tiempo, pero que resultaban esenciales para la funcionalidad y la seguridad del helicóptero.

Ese verano empecé a escribir y a ejecutar los procedimientos de integración del sistema de despliegue del helicóptero, que es el montaje situado en la parte inferior del vehículo que sujetaría el helicóptero y lo desplegaría. El sistema consistía en un pequeño brazo robótico con un motor que mantendría el helicóptero en posición vertical para que pudiera ser lanzado con éxito sobre la superficie marciana. Tras probar esta capacidad y reunir los parámetros necesarios, determinamos que efectivamente podíamos desplegarlo en Marte. Poco después, JPL aprobó la inclusión del helicóptero en la misión Marte 2020. Nos dieron luz verde; como casi siempre en mi vida, el riesgo valió la pena.

Con menos de 365 días para el lanzamiento, empezamos a centrarnos en la incompresible lista de pruebas necesarias antes del despegue. Uno de los comportamientos generales del software de vuelo del sistema que debe funcionar para el éxito de cualquier vehículo en Marte se denomina SFP (*system fault protection*, es decir, protección contra fallos del sistema). La mayor parte del hardware es redundante: si una computadora se desconecta, otra con funciones idénticas puede entrar en funcionamiento mientras los ingenieros averiguan las causas de los problemas. Mientras tanto, el helicóptero *Ingenuity* por fin se trasladó a la instalación de ensamblaje para poder integrarse en el rover; ver este vehículo de casi cincuenta centímetros de alto en vivo y en directo fue súper emocionante. Se construyó para que fuera resistente y pesaba solo dos kilos, lo bastante ligero para guardarlo debajo del rover durante su viaje por el espacio. Pero sus rotores de casi metro y medio de largo tenían que ser muy finos y tener suficiente superficie para elevar la unidad en la fina atmósfera de Marte, que tiene una densidad menor al 1 % de la de la Tierra. Si estos rotores giraran en la atmósfera terrestre, explotarían por su delgadez y fragilidad. Por eso hubo que probar su capacidad de vuelo en una cámara de presión especial donde se podía reducir la atmósfera para imitar la de Marte. Luego, para emular la gravedad de Marte, se instaló un sistema de poleas para ayudar suavemente al helicóptero durante el despegue, de modo que actuara como si estuviera en menor gravedad. Estas pruebas, aunque bastante básicas porque solo podían mover el helicóptero hacia arriba y hacia abajo, ayudaron al equipo a construir el software que acabaría haciendo volar a *Ingenuity* en Marte.

Cuando se dispuso de oficinas en las instalaciones de ensamblaje de naves espaciales donde se estaba construyendo el rover, JPL también decidió trasladar allí al equipo del banco de pruebas. En ese lugar se habían ensamblado las primeras sondas lanzadas a la Luna, Marte y Venus, así como todos los rovers de Marte de la NASA, *Galileo* y *Cassini* (los primeros orbitadores enviados a Júpiter y Saturno) y las naves gemelas *Voyager*. Ahora yo tenía un despacho en el mismo edificio que estos gigantes. Esto significaba que podía salir de mi espacio de trabajo, cruzar el pasillo y situarme en una sala de observación con vistas a la planta donde el equipo estaba construyendo el rover que viajaría a Marte. Empecé a llamarla mi sala de descanso. Me tomaba una taza de café mientras observaba, con fascinación infantil, cómo se construía el rover, incrédulo de no ser un mero espectador sino un participante activo en esta misión. También era la primera vez que tenía mi propio cubículo, casi como una pequeña oficina. Mi decoración elegida: los sets de LEGO, por supuesto, incluido el set del módulo de aterrizaje lunar del 50 aniversario del Apollo, que acababa de salir a la venta. Al igual que la primera vez que tuve mi propia habitación en mi tercer año de universidad, los rigores del trabajo fueron tan extenuantes que apenas pude disfrutar de ella.

Seguí realizando visitas guiadas al banco de pruebas, que había iniciado en 2016, y ahora podía mostrar a mis invitados —que en general eran amigos o amigos de amigos— la única sala del mundo en la que se estaban probando tres misiones diferentes a Marte al mismo tiempo: Marte 2020, el módulo de aterrizaje *InSight* y el banco de pruebas de MSL. Encendía la luz de Marte —que utilizábamos para simular las condiciones de iluminación del planeta para probar nuestras cámaras— para mostrarles a mis invitados cómo veríamos Marte con nuestros propios ojos si un día estuviéramos sobre su superficie. Debido a la forma en que la luz incide en la atmósfera, todo se teñiría de un tono anaranjado. Luego los llevaba al Mars Yard, que en aquel momento se estaba ampliando con un cobertizo más grande que acabaría albergando los bancos de pruebas del MSL y del sistema de vehículos Marte 2020, las versiones terrestres de sus homólogos marcianos. Me divertía mucho durante esas visitas, que en cierto modo me servían de descanso de las largas horas de trabajo.

Al entrar en 2020, el modo de supervivencia empezó a funcionar a lo grande. Durante los últimos tres años, había estado practicando kickboxing o jiu-jitsu para aliviar el estrés y como válvula de escape. Me dirigía a la Fight Academy de Pasadena a las seis de la mañana o a última hora de la tarde, según mi turno de trabajo, de dos a cuatro veces por semana. Los turnos se basaban en las necesidades de la misión, que fluctuaban todo el tiempo, y en lo que había que hacer para cumplir los plazos y las fechas de entrega del diseño. Esto significaba que teníamos que trabajar entre cinco y siete días a la semana con dos o tres turnos al día: el primer turno era de siete de la mañana a dos y media de la tarde, el segundo turno era de dos y media de la tarde a nueve de la noche, y el tercero era de nueve de la noche a seis o siete de la mañana. Dependiendo de lo que hiciera falta, a muchos nos pedían que nos quedáramos un tercer turno; eso significaba pasar la noche en vela y luego obligarme a encontrar un hueco para descansar durante el día. Además, como los turnos no eran fijos, nunca sabíamos cuándo íbamos a tener que quedarnos por la noche, lo que desbarataba por completo mi horario de sueño. A medida que se acercaba la fecha del lanzamiento, era imposible predecir cuándo podría tener algo de tiempo libre y, a menudo, tenía que aprovechar cualquier hueco para recuperar horas de sueño; así que, una vez más, mi bienestar físico y, en este caso, mis clases de jiu-jitsu empezaron a quedarse en el camino.

Operar con normalidad en ese extenuante horario no era una opción. En los años de universidad había hecho bloques del tiempo para evitar trasnocharme estudiando, así que trabajar toda la noche era algo completamente nuevo para mí. De repente, mi vida ya no giraba en torno a la gestión del tiempo, sino de las prioridades: ¿Qué tenía que hacer enseguida para llegar a tiempo a la fecha de lanzamiento? Así pensábamos en aquel momento, y así fue cómo poco a poco empecé a descuidarme a mí mismo y a mi bienestar personal. La relación con mi novia había terminado solo unas semanas antes, en Nochevieja, y me había dejado nadando en un océano de naufragios emocionales. Fue un tiempo confuso y volátil de mi vida. Cansado, hice todo lo que pude para reunir el poco combustible que me quedaba y prepararme para la creciente presión del trabajo, mientras intentaba poner en orden mi corazón y mi mente.

Aun así, esas largas y desgarradoras semanas estuvieron salpicadas de momentos de puro asombro ante lo que tanto nos estábamos esforzando por lograr, como el día en que vi cómo embalaban *Perseverance* y lo preparaban para su transporte a cabo Cañaveral, acercándolo un paso más a su inminente lanzamiento. No podía creer que ya hubiéramos llegado tan lejos y que aún nos quedara tanto por recorrer. Me aferré a ese sentimiento de desconcierto y lo convertí en un propulsor que me empujaría por el escabroso camino que tenía por delante; y de pronto, dizque de la nada, llegó la pandemia de COVID-19, y la ciudad y nuestro mundo quedaron aislados.

Enseguida nos preguntamos: «¿Qué pasará con nuestra misión? ¿Podremos mantener la fecha de lanzamiento? ¿Cómo avanzaremos cuando la vida se ha detenido en seco?». El equipo de Marte 2020 tardó cerca de una semana en adaptarse y dar con unas directrices claras, pero con el rover ya en cabo Cañaveral, no había vuelta atrás: teníamos que terminar lo que habíamos empezado. Un grupo de nosotros fue considerado crucial para la misión, lo que significaba que, aunque empezamos a trabajar a distancia, también podíamos acceder al laboratorio cuando fuera necesario. Tuvimos que adaptar rápidamente nuestro hardware y nuestros procedimientos para poder realizar pruebas a distancia, y nos equipamos con barbijos, protectores faciales y guantes para cuando tuviéramos que entrar en JPL.

Dos meses antes de nuestra hora de la verdad, SpaceX envió astronautas a la Estación Espacial Internacional, la primera vez que esto ocurría en suelo estadounidense desde la retirada de la flota de transbordadores espaciales en 2011. Estos titulares se mezclaron con las protestas por el movimiento Black Lives Matter (Las Vidas de los Negros Importan) que comenzaban en todo el país. No pude evitar recordar las imágenes del cohete *Saturno V* mientras el Movimiento por los Derechos Civiles estaba en pleno apogeo en tierra; las similitudes eran espeluznantes: en los últimos cincuenta años se habían producido claros avances tecnológicos, pero no habían cambiado mucho las cosas en el ámbito de los derechos civiles. Una vez más, pensé: «No puedo creer que hayamos llegado tan lejos y que aún nos quede tanto por hacer».

Después de largas y arduas horas de trabajo durante meses y meses, y de experimentar un aislamiento pandémico mientras seguíamos adelante con todo, por fin había llegado el día. Volé a Orlando, donde me reuní con mami, a la que no veía desde enero, y luego nos dirigimos a casa de mi amigo Ryan, que había abierto generosamente las puertas de su hogar para recibir a todos los miembros de mi grupo. Amigos íntimos de la secundaria y de la universidad, así como colegas, volaron desde puntos de todo el país para esta ocasión trascendental. La idea de ver a algunos de mis seres más queridos —como Adisa; Uzoma, una de mis mejores amigas de la universidad; y Xavier, Ruth y mi mamá— después de un hiato impuesto y en un día tan crucial me llenó de una emoción inmensa e incontenible. En medio del caos y la confusión de una pandemia continua e implacable, mis seres queridos llegaron dispuestos a celebrar ese gran logro a mi lado, reafirmando aún más que eran mi equipo perpetuo, siempre dispuestos a hacer todo lo posible para estar presentes.

El día antes del lanzamiento de Marte 2020 llegamos a cabo Cañaveral, y mientras conducíamos por la zona de camino a ver nuestro cohete *Atlas V*, pasé por delante de las instalaciones de SpaceX, me equivoqué de camino y me topé con otro cohete conocido. Unas semanas antes de este día trascendental, un grupo de amigos y yo habíamos decidido conducir dos horas al norte de Los Ángeles hasta el Mount Pinos, a un lugar en concreto —de nuevo guiados por mi colega y amigo Justin Foley— para ver el sobrevuelo de la misión Demo-2 de SpaceX cuando la cápsula regresaba a la Tierra con astronautas a bordo. Ahora estábamos aquí, en presencia del cohete *Falcon 9* que había puesto a esos mismos astronautas en el espacio, un momento significativo porque había sido la primera vez que se lanzaban astronautas desde suelo estadounidense después de que el último componente del programa del transbordador espacial emprendiera el vuelo en 2011. Con el corazón acelerado, salimos del carro para verlo más de cerca. Sus laterales estaban carbonizados, pero seguía entero. Ver esta parte de la historia aeroespacial me dejó sin aliento. Necesitaba un minuto para asimilarlo todo; aunque mi contribución en SpaceX unos años antes equivalía probablemente a un grano de arena, aun así había formado parte de este empeño, y la misión había sido exitosa. La enormidad de todo aquello era abrumadora.

Después de volver a subir al carro, aún conmocionados por lo sucedido, seguimos conduciendo hasta llegar al cohete *Atlas V*, con *Perseverance* sujeto a la parte superior. Un grupo de colegas nos reunimos en el lugar del lanzamiento y sacamos unas fotos increíbles. Era la primera vez que nos veíamos en persona desde hacía meses. Me detuve y le eché un largo vistazo, sabiendo que sería la última vez que estaría tan cerca del rover que habíamos pasado años construyendo antes de que emprendiera el viaje de ida a Marte.

Al día siguiente decidimos llegar dos horas antes, ansiosos por encontrar un buen sitio en la playa para ver el lanzamiento de las siete de la mañana. Mientras matábamos el tiempo, empecé a bromear y dije: «Miren, si este cohete explota en la plataforma de lanzamiento, se acabó, lo dejo y me dedico a la agricultura». Todos nos reímos, pero surgió una sensación de desasosiego. ¿Podría el cohete que transportaba al bebé que habíamos estado gestando durante los últimos años llegar al espacio, por no decir a Marte? Enseguida me quité esa pregunta de la cabeza y me concentré en el cielo matutino, en la playa y en estar con Xavier, Ruth, mis dos sobrinas, sus familias, mis amigos y, por supuesto, mi mamá, la mujer que lo había sacrificado todo para lanzarme a mi futuro y que ahora estaba a mi lado observando el despegue de mi bebé. De vuelta en el punto de partida, si es que alguna vez hubo uno.

Mientras tanto, a medida que se acercaba el momento, me entrevistaron para varios programas y cadenas de televisión en español, lo que asumí como una inmensa responsabilidad, ya que no había muchos hispanos que pudieran hablar de esta misión. También estaba el equipo de *NOVA*, de la PBS, que estaba allí rodando la escena para su episodio «Looking for Life on Mars» (En busca de vida en Marte). Ese programa me había impactado tanto de niño que cuando me tocó aparecer en la pantalla de adulto, era descomunalmente consciente de que mis palabras y mi mensaje podrían inspirar a otra persona a seguir una carrera en STEM —quizá a otro niño ecuatoriano que soñaba con desafiar la gravedad— y quería hacerlo bien. Era mi oportunidad de devolver el favor ayudando a alguien más. Sin embargo, era difícil expresar con palabras lo emocionado, nervioso y asustado que me sentía en los momentos previos al lanzamiento. Mi amigo Jesse, que también estaba ahí, tenía conexión directa con la sala de operaciones, así que cuando terminaron mis entrevistas, sintonizamos el estado de la misión. Por fin oímos las palabras que estábamos esperando. «*LD is a go*». Listo, había llegado el momento. «Tiene permiso para despegar».

CAPÍTULO 14

ENTRADA, DESCENSO Y ATERRIZAJE

El rover, el helicóptero y yo

Con solo unos instantes de margen, nos enfrentamos a un problema, uno frenético pero solucionable: todos estábamos mirando en la dirección equivocada. Por suerte alerté a todos justo a tiempo para que nos diéramos vuelta y viéramos nuestro cohete elevarse hacia el cielo azul de la mañana dejando una estela de humo blanco a su paso. Mi grupo estalló en vítores y aplausos, señalando al cielo, mientras que mi mamá me daba un codazo para asegurarse de que no había cerrado los ojos al ver cómo el cohete *Atlas V* llevaba a *Perseverance* a su primer y último vuelo al espacio. Me olvidé de respirar durante unos segundos al verlo desaparecer en el universo, sabiendo que una hora más tarde el cohete liberaría nuestra nave espacial en una órbita hiperbólica, que concluiría su vuelo propulsado y la enviaría en su navegación de siete meses a Marte. Entonces me llevé las manos al corazón y caí a la arena con incredulidad: era el momento con el que había soñado toda mi vida. «¡Lo logramos!», pensé, y luego me levanté de la arena y me uní a mi familia y amigos en lo que de repente me pareció una fiesta playera repleta de celebración exultante.

Unos años antes, *Curiosity* había encontrado indicios de moléculas orgánicas en Marte. Ahora era la misión de *Perseverance* recoger muestras de rocas en el cráter Jezero para determinar por fin si el origen de las moléculas orgánicas en Marte es biológico o más bien geológico, y responder a la pregunta que nos persigue desde hace décadas: ¿Hubo alguna vez alguna forma de vida en el planeta rojo? Pero primero había que llegar. Como ya me había enseñado la vida, el lanzamiento era solo el principio del viaje. El aterrizaje en Marte de *Perseverance* estaba previsto para el 18 de febrero de 2021. Eso nos dejaba poco más de seis meses para continuar la siguiente fase de pruebas y preparativos para este hito. Mientras el equipo de operaciones de navegación se centraba en navegar por el espacio, en el lado del rover empezamos a centrarnos en la preparación de las operaciones para las actividades de superficie. Nos habíamos acostumbrado a utilizar el rover en nuestro banco de pruebas y a recibir datos al instante, pero ahora el paradigma había cambiado; solo podíamos recibir datos de Marte unas pocas veces al día, que debíamos evaluar para conocer el estado del vehículo. Teníamos que planificar las actividades en torno a la única ventana de enlace ascendente al día, que sería cuando podríamos generar y enviar comandos a Marte.

Además de ayudar a anticipar cómo operarían las funciones del rover en Marte, tuvimos que empezar a probar los equipos para entender cómo manejarían los humanos el rover en Marte desde la Tierra. ¿Qué herramientas debían estar listas? ¿Con qué herramientas había que entrenar a los equipos? Estas herramientas nos permitirían interpretar los distintos datos procedentes de Marte, por lo que era esencial que todos los encargados de transmitir la información pudieran entenderla. Mientras tanto, diseñé el procedimiento para la prueba de lectura de las primeras operaciones en superficie. El objetivo de esta prueba de juego de rol era estar lo más preparados posible para responder a cualquier anomalía que pudiéramos encontrar mientras el rover se desplazaba por Marte, incluyendo escenarios como qué hacer si nuestro ingeniero de operaciones térmicas del día se enfermaba de COVID. La prueba de preparación para las primeras operaciones en superficie simularía los diez primeros soles en Marte.

Marte es el cuarto planeta a partir del Sol. Un día en Marte se conoce como «sol» y tiene veinticuatro horas y treinta y nueve minutos, a diferencia de nuestros días de veinticuatro horas en la Tierra. Marte tarda en dar una vuelta alrededor del Sol equivalente a 1,88 años terrestres, 687 días terrestres o 668 soles. La gravedad en Marte es aproximadamente un tercio de la de la Tierra, por lo que, si pesas 45 kilos en la Tierra, pesarías unos 17 kilos en Marte. Esto se debe a las diferencias de masa y tamaño entre Marte y la Tierra. Marte tiene aproximadamente la mitad del tamaño de la Tierra medido a través del diámetro ecuatorial, y una décima parte de la masa de la Tierra, es decir, unos 642 sextillones de kilogramos. Para poner las cosas en perspectiva, se puede llenar el volumen de la Tierra con un poco más de seis planetas de Marte. La temperatura en Marte puede oscilar entre -175°C y 30°C, dependiendo de la ubicación y la estación del año. Marte tiene dos lunas, Fobos y Deimos. Todas estas diferencias deben tenerse en cuenta a la hora de diseñar las naves espaciales y sus respectivos conceptos de operaciones de entrada, descenso y aterrizaje.

Para emular los soles cero a cinco en el banco de pruebas, trabajamos durante la noche, de modo que los datos pudieran ser descargados por el respectivo equipo de operaciones durante el siguiente día terrestre y pudieran interpretarlos y planificar el día siguiente basándose en el estado del sol anterior. Como sabíamos que la gente tendría que trabajar siempre que el rover estuviera despierto y siempre que pudiéramos bajar los datos, planificamos la prueba teniendo esto en cuenta.

Por suerte, la primera prueba de simulación de superficies salió muy bien. Los equipos empezaron a hacerse una idea de dónde estaban los agujeros, así como de lo que funcionaba bien en sus procesos y sus respectivas herramientas, para poder avanzar con confianza. Una vez terminado, algunos de nosotros nos tomamos un día de playa para relajarnos. Trajimos una neverita y nos pasamos todo el día tumbados en la arena, dejando que la brisa marina nos disipara el estrés, antes de tener que regresar y seguir adelante.

Por si fuera poco, en esos meses previos a finales de 2020, también empecé a trabajar con el equipo del subsistema de movilidad que probaba la conducción autónoma del rover. Desde el principio quise entender cómo tomaba decisiones el vehículo cuando conducía de forma autónoma, así que cuando vi la oportunidad de participar, pregunté si podía hacerlo, y me encargaron una función específica llamada *leash* o «correa». Como la correa de un perro, podíamos programar el rover para que sólo recorriera una determinada distancia mientras conducía de forma autónoma; es decir, si lo programábamos para recorrer sólo seis metros, se detendría al llegar a esa distancia. Mi objetivo era averiguar cómo utilizar esta correa en función de los distintos odómetros de conducción del vehículo. Esto me dio una gran idea de lo que hay que tener en cuenta cuando se conduce de forma autónoma en Marte, incluida la forma de conducir alrededor de los obstáculos. Me gustó el cambio de escenario: era un poco diferente de lo que había estado haciendo los últimos años, pero igual de relevante. También me dio la oportunidad de estudiar un nuevo código de software de vuelo y nuevas funciones.

En diciembre de 2020, cuando solo faltaban dos meses para la entrada, el descenso y el aterrizaje, me dirigí a Nueva York durante tres semanas para trabajar a distancia y pasar las Navidades con mis abuelos. Antes de salir de Los Ángeles, instalé cámaras web en nuestro laboratorio para poder ver lo que ocurría allí cuando fuera necesario. Mi colega Anaïs estaba en Los Ángeles, así que estaría preparada en caso de que surgiera alguna necesidad. Además, estaba programado que ella realizara la siguiente prueba de juego de rol de la misión, así que era el momento perfecto para que yo viajara.

Pasé las tres primeras semanas de diciembre acurrucado en el sótano de mi tío en Mill Basin, con mi computadora y un proyector que me permitía tener una segunda pantalla para trabajar a distancia. El sótano se había convertido en un estudio de alquiler, una clara mejora con respecto a cuando yo vivía allí y dormía en una colchoneta inflable en la sala de estar. Esta vez no había otros huéspedes hospedándose en la casa; solo estaban mi tía Jenny, mi tío Óscar y su hija Melody. Entre los horarios alocados de nuestros turnos laborales y la diferencia horaria, me pasaba la noche en vela y me iba a la cama cuando tío Óscar y tía Jenny se iban a trabajar sobre las cinco de la mañana. Una o dos veces al día, me levantaba, salía del sótano y me dirigía al Dunkin' Donuts de veinticuatro horas que había calle abajo para reponer fuerzas con un café y un tentempié antes de volver al trabajo. Al terminar mi aislamiento social autoimpuesto, salí con un suspiro de alivio para pasar tiempo con mis abuelos. Juntos bebimos coquito o sidra de manzana caliente y me puse al día con el resto de la familia y algunos amigos. Fue un respiro reconfortante en medio de las tensiones del aislamiento, las interminables horas de trabajo y la presión acumulada por el inminente aterrizaje de *Perseverance*.

A medida que se acercaba febrero, mi siguiente gran tarea era diseñar el procedimiento de seguimiento para las primeras operaciones en superficie. Una vez que aterrizáramos en Marte, el banco de pruebas tendría que ser la sombra del rover durante diez días en la superficie de Marte. Para ello, el banco de pruebas tenía que estar unas horas por detrás del rover en Marte, de modo que pudiéramos estar lo más cerca posible del estado en el que podría encontrarse un problema. De este modo, tendríamos tiempo suficiente para configurar e igualar cualquier problema que pudiera haber ocurrido en vuelo e intentar depurar de inmediato las anomalías.

Mientras tanto, otro banco de pruebas, diseñado específicamente para las operaciones de entrada, descenso, aterrizaje y navegación, había sido configurado por Justin para que funcionara por delante de la hora de Marte, de modo que también pudiéramos averiguar si podíamos encontrarnos con algún problema y, a su vez, solucionarlo antes de que ocurriera mientras el vehículo surcaba el espacio.

Coordinamos los apretones de manos entre los bancos de pruebas y los equipos para que el seguimiento entre ambos bancos se realizara de la forma más fluida posible. Estábamos tan concentrados en estas tareas que apenas tuvimos tiempo de pensar en los escenarios hipotéticos de aterrizaje: ¿Marte nos daría la bienvenida o nos destruiría? Nos estábamos esforzando al máximo por anticiparnos a todas las situaciones posibles para asegurarnos de que el resultado fuera positivo.

Enero de 2021 fue el mes en el que redoblamos nuestros esfuerzos de divulgación para preparar el gran aterrizaje. La coordinación de los medios de comunicación corrió a cargo del departamento de relaciones públicas de la NASA, y me alegré mucho porque no solo tendríamos cobertura en inglés y español, sino que además, por primera vez en la historia, se transmitiría toda una misión en español, y sería nada más y nada menos que la de Marte 2020, ¡lo que resultaría ser uno de los eventos con mayor audiencia de ese año! Este esfuerzo fue encabezado por mi mentora y supervisora, Diana Trujillo, otro fantástico ejemplo de su liderazgo, así como de la forma de superar los límites y eliminar los obstáculos para nuestra comunidad hispana. También significaba que mis amigos y familiares en Ecuador, Puerto Rico y Nueva York podrían sentarse y disfrutar del momento sin necesitar a nadie a su lado para traducir. A su vez, todo eso significaba que tenía que hacer hueco a las entrevistas durante una de las etapas más estresantes y sin descanso de la misión.

Por si fuera poco, solo un par de semanas antes de aterrizar, el equipo del helicóptero empezó a preparar las secuencias reales que le permitirían liberar el helicóptero de debajo del rover y desplegarlo en Marte, y necesitaban el apoyo de un ingeniero del banco de pruebas, así que me pidieron que les echara una mano. Como había trabajado en las pruebas de la estación base y el brazo de despliegue del helicóptero un par de años antes, podía compartir ideas de mi experiencia previa. También necesitaban probar cómo interactuar con el helicóptero y los sistemas de operaciones de Marte, no solo con el rover sino también en tierra. Mientras los observaba trabajar, no podía creer que estuviéramos ya tan cerca del momento en que tendría lugar la acción real.

Los turnos y los horarios eran complicados porque estábamos empezando a prepararnos para operar en la hora de Marte, lo que significaba que cada día terminaría cuarenta minutos después de las veinticuatro horas. También tenía que calcular cuántos ingenieros necesitaríamos para el apoyo, quién estaría en contacto con el equipo de operaciones y cómo recogeríamos la información de la sala de operaciones y la llevaríamos al banco de pruebas, todo ello mientras hacíamos que la transición entre los ingenieros del banco de pruebas que terminaban y los que empezaban sus respectivos turnos fuera lo más fluida posible. Era una gran responsabilidad que me honraba ostentar, pero al mismo tiempo sentía su peso y no podía evitar pensar: «Coño. ¡Espero que no se me escape nada!». Por la salud de la misión, todo tenía que fluir a la perfección, como una danza bien coreografiada.

En febrero, pocos días antes de aterrizar, me preguntaron si podía formar parte del equipo de operaciones. Estaba claro que no teníamos personal suficiente y yo empezaba a esforzarme demasiado, más allá de mis límites; pero es que no había suficientes personas para cubrir las horas y las operaciones que se nos avecinaban a la velocidad de la luz, y yo estaba decidido a hacer todo lo que estuviera en mis manos para ayudar a aterrizar nuestro rover y llevarlo por los cruciales primeros soles en Marte.

Llegué al laboratorio bien temprano el 18 de febrero de 2021. Aún quedaba trabajo por hacer, pero la emoción se sentía en el aire. Algunos de nosotros habíamos decidido estar en el cobertizo del banco de pruebas del sistema de vehículos, en el Mars Yard, anticipando el aterrizaje. Anaïs y yo fuimos seleccionados para formar parte de un panel interno para una transmisión en directo del gran momento para los empleados de JPL, con alrededor de tres mil empleados viéndolo desde sus casas debido a la pandemia. Mientras nos preparábamos para el aterrizaje, empecé a recibir mensajes de amigos: «¡Oye, acabo de verte en la tele!». La NASA estaba transmitiendo en vivo en inglés y español para el público y reproduciendo segmentos pregrabados en los que hablábamos de distintos aspectos de la misión. Por muy orgulloso que me sintiera en ese momento, no podía evitar preocuparme: «¿Se estrellará el rover? ¿Nos verán fracasar todos los telespectadores?». Enseguida me deshice de esos pensamientos y seguí concentrándome en el presente.

Habíamos instalado una consola en el cobertizo con visualización en directo de lo que el equipo de operaciones observaba en sus pantallas, principalmente los datos que recibían de nuestra nave espacial. Debido a la señal desfasada entre Marte y la Tierra, recibíamos confirmación de cada evento en el cronograma a través de datos descargados unos once minutos después de que hubiera ocurrido. En 2012, los miembros del equipo *Curiosity* vivieron la misma situación con un desfase de siete minutos, que apodaron los «siete minutos de terror». Y aquí estábamos, en medio de nuestros propios «once minutos de terror», esperando que los datos trajeran noticias positivas.

Mientras seguíamos esperando, inquietos, nos pasábamos maníes siguiendo una antigua tradición de la sala de operaciones. Todo había empezado unas décadas antes, durante una misión de JPL de la NASA que se estaba yendo a pique. Todos estaban ahí, paralizados frente a sus pantallas, recibiendo una avalancha de datos que indicaban varios fallos, cuando alguien de pronto empezó a repartir maníes. Cuando todos empezaron a engullirlos con ansiedad, la misión se volvió exitosa. Desde entonces se convirtió en una tradición. Sí, incluso un grupo de ingenieros y científicos de la NASA puede ser un poco supersticioso.

—Tenemos confirmación de la interfaz de entrada —dijo una voz desde la sala de operaciones.

La entrada había sido un éxito. Por un breve momento, exhalé.

—La navegación ha confirmado que el paracaídas se ha desplegado y estamos viendo una desaceleración significativa.

La nave estaba descendiendo por la atmósfera marciana. «Vamos, ¡lo lograremos!», repetí ansiosamente en mi mente.

—*Perseverance* ha disminuido a velocidad subsónica y el escudo térmico se ha separado.

El rover ahora estaba tomando fotos que lo ayudarían a elegir el mejor lugar para aterrizar. Me llevé las manos a la cabeza y contuve la respiración.

—La maniobra de grúa ha comenzado.

Había llegado el momento. A estas alturas, ya sabíamos que había dos posibilidades: nuestro rover se podría haber estrellado, destrozando años de trabajo en cuestión de segundos o podría haber aterrizado. Sin embargo, seguíamos esperando con la respiración contenida la llamada final.

—Aterrizaje confirmado. *Perseverance* está a salvo en la superficie de Marte.

Los brazos se alzaron al cielo, la gente se abrazó, vitoreó, hubo grandes suspiros de alivio, lágrimas, risas emocionadas, celebración compartida... lo habíamos logrado. A las 12:55 de la tarde, hora estándar del Pacífico, nuestro rover había aterrizado con éxito en el planeta rojo y unos minutos más tarde recibimos la primera imagen que lo demostraba: la imponente sombra de nuestro hermoso *Perseverance* sobre la superficie color óxido de Marte.

Tras las celebraciones posteriores al aterrizaje y algunas entrevistas, agarré mi scooter eléctrico naranja y me fui directo a casa a descansar un poco, porque al igual que el lanzamiento, el aterrizaje no era más que otro comienzo: en doce horas, tenía que estar junto al banco de pruebas replicando los diferentes estados del rover para comenzar el proceso de seguimiento que habíamos estado preparando durante los últimos meses. Pero era difícil pensar siquiera en dormir. Mi familia, mis amigos de Puerto Rico, Nueva York y Michigan, mis profesores... todos me enviaban mensajes de texto. SHPE publicó vídeos de mis segmentos y entrevistas en Instagram. Entonces algunos de mis amigos empezaron a escribirme «*Dad vibes*», burlándose de mi atuendo estilo papá; me partí de la risa. Después de unas cuantas llamadas más, sabiendo que me esperaba una larga noche, intenté dormir; a medianoche, ya estaba de vuelta con el banco de pruebas.

Al día siguiente, empezamos a recibir los datos con imágenes de vídeo de la entrada, el descenso y el aterrizaje de

Perseverance. Ahora disponíamos de imágenes inéditas de todo el proceso: el despliegue del paracaídas, la maniobra de la grúa que había nacido de un garabato en una servilleta, la mochila propulsora que había permitido un aterrizaje seguro. Pensamos que veríamos fuego saliendo de los propulsores, pero los ingenieros de propulsión confirmaron que el combustible utilizado genera gases incoloros en Marte. Quedamos asombrados.

Tras recorrer casi 500 millones de kilómetros, *Perseverance* entró en la atmósfera marciana a más de 20 000 kilómetros por hora. Si no hubiera estado almacenado dentro de un escudo resistente al calor, se habría desintegrado como cualquier otro meteorito que entra en la atmósfera a esa velocidad. La superficie del escudo térmico alcanzó temperaturas superiores a los 870°C, ¡más caliente que la superficie del sol! Utilizando el escudo y la etapa de navegación, pudimos maniobrarlo como un avión, pero se parecía más a una roca saltarina lanzada por la superficie de un lago. Cuando la nave redujo su velocidad a unos 1600 kilómetros por hora, desplegamos el paracaídas hipersónico de 45 kilos a una altitud de unos 11 kilómetros. Este paracaídas redujo la velocidad a unos 320 kilómetros por hora. Entonces tuvimos que cortar el paracaídas, liberar el escudo térmico —que actuó como lente de cámara para nuestros sistemas de aterrizaje— y confiar en sus cohetes de descenso. No podíamos dejar que descendiera completamente a la superficie con los cohetes porque las columnas de polvo podrían dañar nuestras cámaras e instrumentos, así que lo guiamos con precisión hasta el lugar elegido en el cráter Jezero, a 30 metros por encima de él, y bajamos el rover de forma segura mediante cables con la maniobra de grúa. Al aterrizar, se cortaron los cables y el cohete de descenso voló a máxima aceleración de forma segura para estrellarse lejos del rover.

Mientras tanto, el bombardeo mediático continuaba, pero el aterrizaje no era lo único que les llamó la atención. De repente, el mundo se dio cuenta de la diversidad de personas que éramos y de cómo nos habíamos unido para lograr este acontecimiento. Fue uno de los momentos de mayor repercusión que jamás había vivido. Incluso recibí un mensaje personal de Ronnie Nader Bello, el primer astronauta ecuatoriano, también nacido en Guayaquil: «Quiero unirme a los demás para felicitarte, y me complace ver a uno de nosotros haciendo lo que ama». Asombrado, seguí leyendo y me detuve en esta línea: «Estás honrando a tu mamá y sus esfuerzos, y sé lo feliz que está con tus logros porque tu historia es parecida a la mía». Claro, teníamos el vínculo ecuatoriano, pero lo que más me conmovió fue recibir tal afirmación de un experimentado ingeniero espacial, que reconocía no solo mi trabajo sino también el de mami. Al fin y al cabo, siempre había sido un trabajo de equipo.

A su vez, el equipo también recibió una llamada vía Zoom del presidente Biden. Los líderes de la misión hablaron con él desde la sala donde se reciben los datos y se realizan las operaciones, mientras yo estaba colina arriba en el Mars Yard, mirando en mi pantalla mientras probaba otras capacidades del rover. El reconocimiento por parte de la Casa Blanca de que lo que acabábamos de hacer durante la pandemia era un trabajo que valía la pena, fue un momento extraordinario... un pequeño destello de luz en el caos de aquellos tiempos.

Trabajar en la hora de Marte era como vivir en un estado perpetuo de *jet lag*. Al cabo de unos días, se produjo un efecto acumulativo que empezó a cambiar poco a poco nuestro bienestar físico y mental, de forma muy parecida a lo que he visto que les ocurre a los papás primerizos privados de sueño. Cada día el trabajo se volvía más y más pesado. Todos intentábamos conciliar el sueño siempre que podíamos, ya fuera a las tres de la tarde o a las seis de la mañana. El agotamiento era inminente, pero de alguna manera conseguimos llegar al final de nuestra campaña con éxito. Cuando el director de la misión nos dio el visto bueno, soltamos los bancos de pruebas y nos fuimos a descansar.

A principios de marzo, mientras algunos de mis colegas se tomaban unos días para recuperarse, yo seguí corriendo a toda velocidad y ahora estaba empezando a seguir al equipo de helicópteros. Los observaba mientras emulaban operaciones, haciendo juegos de rol, obteniendo y analizando datos. Conocía el lado rover del helicóptero, la estación base, y estaba familiarizado con las operaciones en un sentido más amplio, pero ahora el equipo necesitaba que aprendiera las interacciones entre el software y el hardware de vuelo del helicóptero: el tema clave era que solo me dieron unos días para asimilar seis años de conocimientos.

Mantener organizados a varios equipos que tenían diferentes formas de operar fue súper agotador. De vez en cuando necesitaba detenerme para recordar con qué grupo iba a trabajar en el turno siguiente. Pero mi lado arregla-todo y mi implacable deseo de que la misión saliera bien se impusieron a cualquier atisbo de agotamiento que, a esas alturas, llamaba con desespero a mi puerta.

El proceso de descarga de datos nos permitió determinar la salud de la nave espacial y si estábamos preparados para planificar el siguiente ciclo. El proceso de subida de datos se producía una vez que el equipo de descarga de datos daba luz verde para definir el conjunto de restricciones necesarias, si las había, para las actividades del día siguiente. Mientras que en el rover la mayoría de las personas se dedicaban exclusivamente a la subida de datos y otro grupo a la descarga, en el helicóptero todos teníamos que hacer ambas cosas. Esto significaba que una persona hacía el trabajo de lo que al final se convirtieron en seis personas, una vez que el equipo de operaciones del helicóptero recibió el personal necesario. Además, mientras que la mayoría de los miembros del equipo del helicóptero trabajaban durante ese mes en un ciclo de tres turnos semanales y dos días libres, yo tenía que alternar entre el equipo del helicóptero y el de mecanismos del rover, y trabajar seis o siete días seguidos. Se estaban dando todos los elementos para una tormenta perfecta. No había previsto esta lucha adicional, y no hizo más que sumarse al estrés acumulado que había empezado a arrastrar varios meses antes. Mi cerebro no paraba de saltar de un problema a otro, tratando constantemente de resolver diferentes cuestiones sin permitirme un respiro en mis pensamientos. Como mi colega Jesse también trabajaba en horario de Marte, después de que nuestros terceros turnos terminaran sobre las seis de la mañana, solíamos hacer una caminata en la montaña para despejar la mente antes de irnos a la cama a descansar por unas horas, solo para levantarnos y volver a hacerlo todo de nuevo. Mis amigos me ayudaron a mantener la compostura lo mejor posible, y mi deseo de formar parte de los logros de estos avances en el espacio me mantuvo motivado, dispuesto a hacer lo que fuera necesario para triunfar, costara lo que costara.

El 17 de marzo, el equipo empezó a discutir seriamente cómo íbamos a desplegar el helicóptero en Marte. Pocos días después, realizamos con éxito una prueba de simulación del rover y el helicóptero en el Mars Yard. Fue lo último que tuvimos que hacer para estar preparados para el siguiente paso en Marte.

El 3 de abril de 2021, desplegamos con éxito el helicóptero desde la parte inferior del rover. Este fue uno de los momentos más sobrecogedores de este viaje porque ahora nos comunicábamos con él de forma inalámbrica. Ya no podíamos regular su temperatura a través del sistema del rover. *Ingenuity* se encontraba solo y tenía que sobrevivir a su primera noche marciana. Como papás preocupados, observábamos impotentes a nuestro hijo volar del nido. ¿Estaría bien? ¿Tendría batería suficiente para suministrar energía a los calentadores y no congelarse durante la noche?

Al amanecer del siguiente sol marciano, recibimos datos que confirmaron que *Ingenuity* había sobrevivido la noche, y todos soltamos un enorme suspiro de alivio. A pesar de lo agotado que estaba, la relevancia histórica y la importancia de lo que estábamos a punto de hacer eran palpables. Tenía que seguir adelante.

El 8 de abril soltamos las palas y empezamos a probar los rotores. Comenzamos con rotaciones relativamente lentas para comprobar que funcionaran bien. Una vez verificado, las aumentamos empujando los rotores hasta el umbral en el que el helicóptero en teoría despegaría, sin permitir que lo hiciera todavía. Así confirmamos que podíamos alcanzar la velocidad necesaria para que volara.

La noche antes de que el helicóptero intentara su primer vuelo, estaba en la consola, así que fui yo quien programó la hora de despertar del vehículo para la mañana siguiente de Marte. El 19 de abril de 2021, *Ingenuity* se despertó con éxito en el planeta rojo y comenzó a ejecutar las secuencias que lo prepararían para volar. Los rotores empezaron a girar y a acelerar más, más y más rápido, y luego... ¡despegó! Subió tres metros, planeó brevemente, giró y aterrizó en la superficie de Marte. Una vez completado su primer vuelo, *Ingenuity* se convirtió en la primera aeronave de la historia en realizar un vuelo controlado y propulsado en otro planeta.

Estaba tan eufórico por el subidón del momento que, una vez terminado mi turno, a pesar de que mi cuerpo me rogaba que descansara, me fui a hacer una caminata de diez kilómetros por la montaña para quemar la adrenalina. Cuando llegué a la cima, hice una videollamada con el equipo del helicóptero y, mientras hablaba con ellos, vi un helicóptero sobrevolando la ciudad y pensé: «¡Espera, acabamos de pilotar un helicóptero en Marte!». Por un lado, llevábamos tanto tiempo trabajando en esto y, por otro, parecía que había sido ayer cuando yo era un niño pequeño que jugaba con las versiones de juguete de estas máquinas y las rompía para averiguar cómo funcionaban.

El agotamiento comenzó a apoderarse de mí y el insomnio empezó a plagar las pocas horas de descanso que tenía al día, lo que alimentaba una sensación cada vez más tensa de profunda ansiedad. Pero el trabajo de nuestro helicóptero aún no había terminado: todavía nos quedaban cuatro vuelos programados para que la misión fuera un éxito. Así que seguí adelante, funcionando más como una máquina que como un ser humano.

Durante el tercer vuelo, el helicóptero consiguió tomar una foto de *Perseverance*: ¡nos regaló otro momento inolvidable! Y el 30 de abril, día de mi cumpleaños, el cuarto vuelo se desarrolló sin contratiempos: subió a casi cinco metros, voló hacia el sur y completó un vuelo de ida y vuelta de 265 metros. El quinto vuelo de *Ingenuity* tuvo lugar el 7 de mayo de 2021, cuando alcanzó una nueva altura de diez metros y permaneció en el aire durante casi dos minutos: misión cumplida. Habíamos volado en otro planeta por primera vez, lo habíamos vuelto a hacer cuatro veces más, ¡y nuestro helicóptero seguía en pie!

Como helicóptero totalmente funcional en Marte que había superado con éxito su demostración técnica, *Ingenuity* pasó a formar parte de la misión científica y se utilizaría para recoger más imágenes y explorar lugares, lo que nos ayudaría a determinar si debíamos enviar el rover en una dirección determinada o no. Incluso ahora se está utilizando para explorar los restos de la etapa de descenso que ayudó a aterrizar el rover. Por último, *Ingenuity* está ayudando a los científicos a elegir los lugares en los que depositar muestras para la misión de Retorno de Muestras a Marte. Hace poco completó su vuelo número treinta y cinco después de sobrevivir a las duras condiciones de un invierno marciano e incluso estableció un nuevo récord de altitud de catorce metros*.

Tantos años fueron dedicados a llevar a *Perseverance* a Marte y a que sobreviviera a esos primeros días en la superficie del planeta rojo que, una vez que el helicóptero completó su misión, hubo una clara sensación de cierre y logro. Ahora quedamos a la espera de que la misión de Retorno de Muestras de Marte nos entregue las muestras de Marte 2020 con la esperanza de que los resultados respondan a la pregunta definitiva, la que ha inspirado innumerables libros, películas, documentales y sueños: ¿Ha existido vida en Marte?

En cuanto a mí, en el centro de todas las misiones, enterrada bajo capas de cansancio extremo e inminente agotamiento, había otra pregunta que pedía ser respondida: ¿Qué vida me espera aquí?

---

* En fechas más recientes (abril de 2023), los datos registran el quincuagésimo vuelo y una altitud de más de 300 metros.

CAPÍTULO 15

OPERACIONES EN LA SUPERFICIE

En busca de la alegría

Si algún día el ser humano viajara a Marte a través del espacio, pasaría meses en una estrecha cápsula, aislado de su familia y amigos, lejos de la Tierra y de las comodidades cotidianas; irónicamente, así es como me sentí durante los dos últimos años de nuestra misión. En 2020, mientras me enfrentaba a pruebas personales y a la pandemia, el trabajo se convirtió en mi mecanismo de supervivencia, de forma muy parecida a como vi actuar a mi mamá durante sus años laborales. A medida que me sumergía más en mi mundo de pruebas y operaciones, y asumía cada vez más responsabilidades, el trabajo en sí también se intensificó. Los turnos nocturnos eran habituales, dormir se convirtió en un lujo que se conseguía en el tiempo libre que podía sacar de los interminables días, y todo lo que hacía se volvía una misión crítica en mi mente. Regresé al modo supercerebro arregla-todo, con el planeta rojo como guía. A pesar de que me estaba quedando sin energía, adopté un *modus operandi* maquinal, sin tener en cuenta las otras partes de mí que requerían atención y ajustes para funcionar a pleno rendimiento... mis partes humanas. Mi cuerpo empezó a emitir señales de alarma que me pedían a gritos que me detuviera, igual que el cuerpo de mami le había dado señales durante diferentes etapas de su vida y, al igual que ella, no le presté atención hasta que fue demasiado tarde.

Para cuando llegó la primavera de 2021, mientras marcábamos hitos y hacíamos historia en el espacio, llegué a uno de los puntos más bajos de mi vida en lo que respecta a mi salud mental. Los latidos de mi corazón me despertaban en mitad de la noche y me impulsaban a una respuesta de lucha o huida a gran escala. Me quedaba mirando al techo, intentando razonar las increíblemente tangibles sensaciones físicas, pero la sensación de calma que conduce al sueño me era esquiva. El reloj era mi peor enemigo, se burlaba de mí con cada minuto que pasaba, mientras yo contaba tres... dos... solo una hora antes de tener que levantarme para ir a trabajar y volver a empezar. Una vez concluidas las fases cruciales de nuestra misión Marte 2020, fue como si me hubiera desprendido de mi cuerpo, como una mochila propulsora que se queda sin combustible en pleno vuelo. Mi agotamiento era tan agudo que me acerqué a mi jefe y al fin le dije: «Mira, necesito que seas paciente conmigo durante los próximos meses porque no estoy bien». No conocía los detalles, pero me apoyó y me comprendió. Me tomé unos días para recuperarme, pero no fue suficiente. Así que pedí una semana libre y volé a Nueva York; necesitaba poner los pies en la tierra, reencontrarme con mi familia y volver a mí.

—Elio, te ves pésimo —me dijo mi tía Pilar, después de saludarme con un fuerte abrazo y dar un paso atrás para verme mejor.

—¿Sabes qué? Sí, tienes razón —dije con una risa nerviosa.

Uno creería que ya habría aprendido de lo que le ocurrió a mami con su derrame cerebral, su ataque al corazón y sus repetidos ataques de pánico, recordatorios explícitos de lo importante que es el equilibrio para nuestro bienestar; pero la mayoría de las veces tenemos que golpearnos contra nuestros propios muros para despertar. Después de más de un año de exigirme demasiado sin tomarme un respiro, había perdido por completo la noción de qué vida existía para mí aquí y llegué por fin a mi punto de quiebre.

Como inmigrantes y niños de primera generación estadounidense, la mayoría de nosotros hemos crecido viendo a nuestras familias trabajar hasta la extenuación, sacrificándolo todo para mantenernos a flote. No hubo vacaciones, ni escapadas a la playa, a menudo ni fines de semana libres: los domingos solían ser para ir a la iglesia, limpiar, cocinar y prepararse para el ajetreo diario de la semana siguiente. Los únicos descansos se producían unas pocas veces al año con motivo de ocasiones especiales y vacaciones, pero solían quedar relegados a una sobremesa o, como mucho, a un día. El mensaje dominante era que parar no era una opción: detenerse podía significar que todo lo que tanto nos había costado crear y conseguir se desmoronara ante nuestros ojos. Cuando nuestras familias, nuestros papás, nuestras mamás sacrifican todo para darnos una vida mejor, nos convertimos en una parte vital de lo que sacará a nuestro círculo de la pobreza. Nos pasan la antorcha y nosotros estamos destinados a llegar a la meta y alcanzar por fin el sueño americano; por eso nos centramos únicamente en el éxito de la misión y creemos que somos invencibles... hasta que no lo somos. Porque no somos robots, no somos máquinas: somos humanos, y como humanos, necesitamos tomarnos un respiro. Recalcular, reencaminarnos, encontrar esa cosa escurridiza llamada equilibrio. Como humanos, necesitamos sentir, reír, divertirnos, arriesgarnos a ser vulnerables. Estar presentes para nosotros mismos y para los demás. Necesitamos vivir la plenitud de nuestra humanidad.

A lo largo de los años, mis mentores siempre coincidían en un consejo común: «No seas tan duro contigo mismo, Elio». Yo no lo entendía. Me parecía insultante, como si dijeran que no podía con mi carga de trabajo. Enseguida pensaba: «¿De qué diablos está hablando esta persona? ¿Que baje el ritmo? ¿Quiénes son ellos para decirme esto?». El mensaje estaba ahí, pero yo no estaba capacitado para escucharlo. Durante muchos años asumí demasiadas cosas y confié en mis jefes para que me dijeran cuándo tenía que recortar y me definieran límites que debería haber establecido yo. Una parte de mí sentía que tenía que demostrar que merecía estar allí, no solo para que mi familia se sintiera orgullosa sino también para probarle al resto del mundo que yo era digno de ocupar ese espacio.

Esto sigue siendo un reto para mí. A veces, cuando miro todos mis logros, no puedo creer que esté en esta posición. No puedo creer que sea yo el que está en la sala con todas esas mentes increíbles. Siento que no soy nada comparado con ellos. El síndrome del impostor es real y sigue siendo un compañero inoportuno en mi viaje; es un círculo vertiginoso que alimenta lo que, para mí, se ha convertido en un ciclo de ansiedad.

He empezado a tomar conciencia, reconocer y trabajar para desarmar estos pensamientos, de modo que pueda estar más presente en el momento, lo cual es a menudo difícil para alguien que ha aprendido a anticipar y resolver problemas continuamente para ganarse la vida. Me recuerdo a mí mismo que esas mentes brillantes no me tratan de forma diferente, como si fuera inferior, que me he ganado mi lugar en este espacio. Merezco estar aquí. Así que la pregunta no es «¿Cómo es que yo, de entre tanta otra gente, estoy aquí?», sino más bien «¿Cómo quiero presentarme aquí?».

Mi punto de quiebre y mi agotamiento me obligaron a mirar hacia dentro y redefinir límites en mi vida personal y profesional. Me sumergí en todo lo relacionado con la sanación y me apoyé en mi increíble grupo de amigos, las personas a las que sabía que podía llamar en cualquier momento, y que me escucharían y me harían reír. Mis compañeros de piso eran fantásticos, mis mentores me orientaban y mami, por supuesto, se mantuvo firme a mi lado; pero necesitaba dar un paso más. No podía seguir utilizando el trabajo como muleta emocional: agachar la cabeza y seguir adelante con las anteojeras puestas ya no era una solución viable. Necesitaba ayuda profesional para superar esta crisis, necesitaba a alguien que me escuchara y me ayudara a ver mi agotamiento y mis emociones tal como eran para poder embarcarme en un viaje de sanación y superación personal. Aunque sabía que la terapia era una herramienta importante, que ya había ayudado a mi mamá en el pasado, tardé en dar el último paso. Mi principal excusa era la falta de tiempo, que no era más que otra manifestación de cómo no le daba prioridad a mi propio bienestar. Al fin hice la llamada y reservé mi primera ronda de sesiones de terapia. Pasaron unos meses hasta que empecé a salir de ese pozo profundo y a reconocer todo lo que había vivido durante el último año. Fue difícil, pero poco a poco sentí como si cada sesión abriera una válvula, liberando parte de la presión acumulada no solo durante el último año, sino durante toda una vida. Salí de ese momento con una nueva misión: alimentar mi autoconciencia y mi amor propio, dejar espacio para mí mismo, dar prioridad a mi bienestar. Sigo acudiendo a terapia cuando necesito ayuda externa.

Volver a encontrar mi centro requirió tiempo y paciencia, pero acabó por ocurrir. Empecé a desarrollar más empatía por los que me rodeaban y me propuse desprenderme de los patrones de conducta malsanos que existen en nuestra sociedad en general, y también en mi familia, incluso en mi mamá. Mami me enseñó a hacer todo mejor, a ser mejor, a buscar la excelencia, pero sus acciones también me enseñaron a evitar mis emociones y a recurrir al trabajo como estrategia para afrontarlo todo, que por supuesto es un mensaje afirmado en la sociedad y la cultura. Durante un tiempo, me enojé con ella por no hacer nada respecto a estos hábitos perjudiciales, por no dar prioridad a su bienestar, pero ahora me doy cuenta de que también estaba enojado conmigo mismo por repetir este ciclo en mi vida. Las fracturas que aparecieron en nuestra relación pronto se convirtieron en vías de sanación, ya que fui capaz de empatizar con ella, de comprender que, como seres humanos, tenemos más matices de los que yo creía. A su vez, empecé a ofrecerme a mí mismo la compasión y empatía que le comencé a ofrecer a mami.

En el proceso, me reconecté con las actividades que me hacían feliz, como las clases grupales de salsa y el surf. Di un paso atrás en el trabajo, planifiqué algo de tiempo libre y me centré en mí, en lo que me ayudaría a recuperar mi salud mental, para poder volver a mis objetivos profesionales con un estado de ánimo más sólido. Con fechas de entrega más ligeras en el trabajo, porque ya estábamos en Marte haciendo lo nuestro, y la nueva aceptación de poder trabajar desde casa que resultó de la pandemia, pude empezar a viajar de nuevo. Fui a Nueva York, a Puerto Rico, a Las Vegas, a Hawái, me conecté con mi familia y mis amigos, asistí a festivales de música, a conciertos, a varias bodas, a todo lo que sabía que me devolvería a la plenitud de mi ser. Por fin empecé a sentirme humano de nuevo, con los pies en la tierra, más abierto y tranquilo; tanto, que me despejó el camino hacia una nueva relación romántica.

Aunque nuestras misiones a Marte sean más impactantes y reciban más cobertura mediática, el viaje a los espacios inexplorados de mi interior ha cobrado el mismo significado, revelando que, por fuera, soy un mecánico espacial, un experto técnico, un ingeniero al que le entusiasman el alcance y la innovación, pero que, por dentro, solo quiero ser un amigo, un compañero, un hijo y un ser humano bueno y cariñoso. Tanto el interior como el exterior tienen el mismo peso e importancia en la vida de un ser humano. El éxito de una misión a menudo requiere sacrificios, pero en el momento en que sentimos que estamos renunciando a nuestro control y descuidando lo que nos hace sonreír y nos da paz es cuando nuestra autoconciencia tiene que entrar en acción, poner el piloto automático en nuestro cerebro laboral y concedernos el tiempo y el espacio necesarios para investigar el problema, corregir el rumbo y volver a encontrar el equilibrio.

Ahora me aseguro de que los proyectos que acepto, las personas con las que paso mi valioso tiempo, las actividades extracurriculares y todo lo demás se recalibre según sea necesario para mi propio bienestar. El trabajo ya no es mi única prioridad. Ahora el trabajo también debe estar en consonancia con la alegría. Mi amor por las máquinas debe alinearse con mi amor por las personas, incluido yo mismo.

Actualmente estoy en la fase de prueba y repetición de la Operación Alegría, moviendo piezas de mi vida en favor de esta misión personal que lucha por el avance, la felicidad y la compasión, en lugar de solo por el rendimiento y la perfección. Está bien no ser perfecto. Existe también ser lo «suficientemente bueno», y tenemos que aceptar ese tipo de compasión en nuestras vidas y darnos un respiro, porque a veces será difícil gestionar las prioridades, a veces habrá que sacrificarse y a veces los objetivos cambiarán, y eso está bien: eso es ser humano. Si hace cinco años le hubiera dicho a Elio que con el tiempo decidiría irme de JPL en busca de nuevas aventuras, habría pensado que le estaba tomando el pelo. Marte se había convertido en mi vida y siempre será parte de mi corazón, pero estoy listo para explorar otras fronteras.

EPÍLOGO
Hacia un futuro compasivo

Dejar el Laboratorio de Propulsión a Chorro de la NASA no fue fácil para mí. Fue mi primer trabajo al salir de la universidad; me formó, me empujó a crecer como ingeniero y a alcanzar resultados históricos en el espacio, pero cuando salí de mi agotamiento profundo y volví a priorizar mi vida, me di cuenta de que la alegría me había abandonado. Ya no prosperaba en la cultura de los logros técnicos, mi vida ya no podía girar solo en torno a la próxima misión. Había llegado el momento de probar algo nuevo, de buscar otros retos y, con suerte, aterrizar en un lugar que se alineara con mis necesidades recién descubiertas: un lugar que diera prioridad a los seres humanos detrás de las misiones para empezar a construir un futuro más compasivo.

Sigo apuntando hacia las estrellas, pero ahora que me uno al equipo de Blue Origin como ingeniero de sistemas, mis ojos están puestos en la Luna. El mundo está a punto de concebir lo que creo será una extensa colonia lunar, y se necesitarán más actores que aporten lo que sea necesario para tener una presencia humana sostenida en la Luna. Estoy encantado de formar parte de este enorme esfuerzo, nada más y nada menos que a escala masiva, diseñando y fabricando sistemas espaciales que algún día podrán servirles al público. La Luna será nuestro campo de pruebas para una presencia humana a largo plazo en el espacio, lo que probablemente ayudará a allanar el camino para el aterrizaje de seres humanos en Marte y más allá.

La existencia de agentes comerciales capaces de suministrar vehículos de lanzamiento está cambiando el panorama espacial y haciéndolo más accesible: comunidades y países desatendidos, pequeñas empresas, universidades y organismos civiles de todo el mundo tendrán pronto la oportunidad de poner en marcha sus propios programas espaciales y utilizarlos para ampliar sus infraestructuras de comunicación, su acceso a la educación y sus conocimientos sobre sus respectivos entornos. La mayoría de los problemas actuales tienen soluciones muy técnicas. Si se abordaran con empatía centrada en el ser humano, podríamos resolver muchos de los problemas del mundo a través de la ingeniería.

A medida que avancemos en estas misiones, la experiencia humana se ampliará y veremos avances en la fabricación, la robótica, la medicina, la agricultura y el espacio más allá de lo que nuestras mentes pueden soñar. Por ejemplo, las muestras que la NASA está recogiendo con *Perseverance* a través de la misión Marte 2020 volverán a la Tierra en algún momento, ya que está previsto que otra misión se dirija a Marte en la próxima década para recogerlas y traerlas a casa. Con el tiempo, *Perseverance* e *Ingenuity* se convertirán en mecanismos anticuados que serán superados por lo que las generaciones futuras crearán, construirán, probarán y harán volar. Quién sabe, tal vez un día encontremos la forma de enviar una serie de drones submarinos y robots perforadores a Europa, la cuarta luna más grande de Júpiter, para perforar su capa de hielo, de casi veinticinco kilómetros de espesor, y explorar la química del agua. ¿Encontraríamos vida? Tal vez. ¿Nos ayudarán Marte o Europa a responder por fin a la intrínseca pregunta filosófica «¿Estamos solos?». Esperemos que sí.

Por eso creo que el mundo se beneficiaría de tener más ingenieros, pero para ello necesitamos desesperadamente ampliar el acceso a la educación. Mi trayectoria académica cambió por completo la de mi vida; por eso defiendo la educación con tanta pasión cada vez que puedo e incluso me estoy planteando cursar nuevas carreras en un futuro no muy lejano. He aprendido, por experiencia propia, que la educación es un verdadero medio para escapar del sufrimiento generacional que ha frenado a la gente durante años. A los que les han dicho: «Olvídate de la escuela, eso no te sirve de nada. En lugar de eso, tienes que aportarle a tu familia», recuerden esto: por difícil que sea, a veces la única forma de romper el ciclo de pobreza generacional es dejar de lado a tu familia y prepararte, obtener la educación que te abrirá las puertas que tú y tu familia siempre han merecido. Tu familia cosechará los beneficios de tu éxito. Con el acceso a la educación viene el acceso a redes de personas, y dentro de esas redes, a menudo, podemos promover cambios directos para nuestras comunidades y mejorar la vida de la gente. El desarrollo actual y continuo de la tecnología —como la inteligencia artificial, la fabricación avanzada, la realidad aumentada y virtual, y los métodos alternativos de generación y recolección de energía— que se está produciendo a un ritmo tan acelerado, necesita mentes jóvenes y brillantes que continúen el trabajo ilimitado que estamos creando. Por esta razón, creo que la divulgación es imperativa y debe seguir creciendo. Hace poco participé en una charla para estudiantes hispanos de secundaria en una biblioteca de Carolina del Norte. Entré en la sala y me sorprendió encontrarme con un centenar de estudiantes que llenaban todos los asientos y que escuchaban con interés lo que teníamos que decir, absorbiendo las posibilidades de STEM, mientras sus ojos destellaban una luz resplandeciente al imaginarse un camino a seguir para ellos mismos. No pude evitar acordarme de mi primera Noche de Ciencias en aquella secundaria de Detroit. Como estudiante universitario de primer año, esperaba unos cincuenta asistentes y solo acudieron diez. Pasar de esa pequeña asistencia a esta biblioteca llena de estudiantes hispanos de secundaria ansiosos y comprometidos fue un paso enorme que en aquel momento apenas podía imaginar posible. Sin embargo, ambos eventos tuvieron la misma importancia porque cada vida individual tiene la misma importancia y todo lo que se necesita es la capacidad de inspirar una vida para cambiar muchas. Ambos acontecimientos podrían dar lugar a que un hispano más se una al campo y cambie el tapiz de STEM para que al fin podamos reflejar nuestra población real.

Los hispanos representamos alrededor del 19 % de la población del país, pero según un informe del Pew Research Center publicado en abril de 2021, solo representamos el 8 % de los trabajadores de STEM y un mísero 5 % de la fuerza laboral de ingeniería. Se está avanzando, la diversidad y la representación están aumentando, pero aún nos queda mucho camino por recorrer. Espero que mi historia inspire a la gente a cambiar estas estadísticas. La industria espacial está abierta a todos, y si después de leer este libro una sola persona se anima a estudiar ingeniería y a acompañarme en este viaje de ser pionero en el espacio, entonces una de mis misiones en la Tierra estará más cerca de cumplirse.

El espacio es una frontera increíble que nos ayuda a desarrollar la tecnología, ampliar nuestros conocimientos y comprender nuestra posición en el universo. Poder mirar hacia arriba y comprender que somos una minúscula partícula de polvo en el universo me ha ayudado a desarrollar humildad y un aprecio más profundo por nuestro planeta Tierra. Ahora quiero cruzar la línea de Kármán y experimentar el cambio cognitivo de conciencia llamado «efecto perspectiva», que se produce al observar nuestro planeta desde una perspectiva completamente nueva; así que, mientras me paro en los hombros de gigantes como Ellen Ochoa, José Hernández y Franklin Chang-Díaz —tres de los trece hispanos que han estado en el espacio—, he aplicado al primer Citizen Astronaut Program (Programa de

Astronautas Ciudadanos) patrocinado por Space for Humanity. Ser aceptado en este programa me permitiría representar a mi pueblo, mi cultura, mi música, mi comida y mi lengua mientras seguimos estableciendo nuestra presencia más allá de los límites de la Tierra.

Si este primer intento de llegar al espacio no da resultado, encontraré otra manera, porque estoy decidido a ser parte de los que abrirán este nuevo camino para que los niños puedan ver que personas que se parecen a ellos también realizan hazañas extraordinarias, para que mis abuelos puedan ver a su familia cruzar nuevas fronteras y para que mi mamá pueda elevarse conmigo, ascender a las estrellas a través de mí.

Quiero formar parte de un universo en el que los ecos de América Latina sigan llegando a las estrellas.

Desde esa altura, resulta cada vez más claro que somos un punto azul tan vulnerable, único, diminuto y hermoso en el universo. Así que mira para arriba, siente tus pies y date cuenta de que depende de todos nosotros cuidar del suelo que tenemos debajo, del medio ambiente que nos rodea, de los seres humanos que están a nuestro lado y dentro de nosotros, del aire que respiramos en la atmósfera de la Tierra e incluso del espacio que hay sobre nosotros. Sea cual sea la próxima misión en la que te embarques, persevera, sé ingenioso, aprovecha la oportunidad, haz que otros te acompañen en la escalada, sé compasivo contigo mismo y con los que te rodean. Y alcanza las estrellas.

AGRADECIMIENTOS

Gracias, mami, por sacrificar tanto por mi bienestar. Mi aventura multiplanetaria no sería posible sin tu ética de trabajo, tu calidez, tu sabiduría y tu guía. Tu amor por mí me ha proporcionado seguridad y tranquilidad constantes. Gracias por ser la persona más fuerte y hermosa que conozco. Te lo debo todo.

Gracias a mi familia elegida, desde Caguas, Puerto Rico, hasta Brooklyn, Nueva York; desde Ann Arbor, Michigan, hasta Los Ángeles, California. Hasta en las profundidades de las temperaturas bajo cero, algunas de las personas más bellas del mundo siempre me han envuelto con amor y calidez. Mis colegas de Los Ángeles, mi familia SHPE, mis amigos a los que les encantan los tentempiés, mis Nesties, mi grupo de Notre, todo esto es gracias al apoyo incondicional de ustedes.

A Johanna Castillo, mi agente literaria, por tenderme la mano y guiarme con pasión por este nuevo mundo.

A Cecilia Molinari, por ser una oyente increíble y plasmar mi historia en una bella narración, pero sobre todo por convertirse en una amiga maravillosa.

A Judith Curr y al increíble equipo de HarperOne, especialmente a Juan Milà y Noelle Olmstead, por sus cuidadosas ediciones y su apoyo para hacer realidad este libro.

A mis abuelos, cuyos setenta y cinco años de matrimonio ejemplifican el amor verdadero.

A mis tíos y tías, Óscar, Jenny, Vicky, Eli, Miriam y Lucho, por mostrarme su apoyo a lo largo de los años, aunque sea a la distancia.

A mi hermano, Xavier, por mostrarme una increíble capacidad de resiliencia.

A mis sobrinas, Amber y Arianne, por ser los mejores dolores de muelas que jamás podría pedir.

A Sonia, Robert, Benito, Gabriela: gracias por ser también mi familia.

A mis profesores y mentores, en especial a Darryl Koch por abrirme las puertas de la Universidad de Michigan. Gracias por crear un viaje académico que me ha llevado a la exploración espacial.

A mis compañeros de JPL, en especial a David Henríquez, Eric Aguilar y Magdy Bareh, por allanar el camino hacia el programa de Marte.

Gracias a mis colegas y a todos los que me han precedido en la industria espacial. Sigamos inspirando a los que vendrán después y construyendo un futuro en el que la Tierra pueda prosperar mientras nosotros también nos aventuramos hacia las estrellas. Sí se pudo, sí se puede, sí se podrá.

REFERENCIAS

A continuación encontrarás una lista de recursos que te ayudarán a ampliar tus conocimientos sobre el espacio basados en lo que hemos explorado juntos en este viaje a las estrellas.

Agujeros negros: https://quantumfrontiers.com/2014/06/20/ten-reasons-why-black-holes-exist/

https://exoplanets.nasa.gov/resources/2330/collection-of-interactive-powerpoint-slides-to-be-used-in-public-engagement/

Astronautas hispanos de la NASA: https://www.nasa.gov/sites/default/files/atoms/files/hispanic_astronauts_fs.pdf

Astronautas hispanos o de ascendencia hispana destacados:

Arnaldo Tamayo Méndez (Cuba): La primera persona de América Latina y primera persona negra en el espacio. Voló en la *Soyuz 38* (18 de septiembre de 1980). https://www.britannica.com/biography/Arnaldo-Tamayo-Mendez

Rodolfo Neri Vela (México): Primer mexicano en el espacio. Voló en la misión STS-61-B (26 de noviembre de 1985). https://www.britannica.com/biography/Rodolfo-Neri-Vela

Ellen Ochoa (Estados Unidos, de ascendencia mexicana): Primera mujer hispana en el espacio. Voló por primera vez en la misión STS-56 (8 de abril de 1993). https://www.nasa.gov/sites/default/files/atoms/files/ochoa.pdf

Sidney M. Gutiérrez (Estados Unidos): Primer astronauta hispano nacido en Estados Unidos. Voló por primera vez en la misión STS-40 (5 de junio de 1991). https://www.nmspacemuseum.org/inductee/sidney-m-gutierrez/?doing_wp_cron=1675346146.6304459571838378906250

Joseph M. Acaba (Puerto Rico): Primer puertorriqueño en el espacio. Voló por primera vez en la misión STS-119 (15 de marzo de 2009). https://www.nasa.gov/astronauts/biographies/joseph-m-acaba/biography

Katya Echazarreta (Estados Unidos, nacida en México): Primera mujer mexicana en el espacio. Voló en el NS-21 de Blue Origin (4 de junio de 2022). https://hnmagazine.com/2022/06/meet-katya-echazarreta-first-mexican-born-woman-go-space/

Aterrizaje en Marte: https://theconversation.com/decades-of-attempts-show-how-hard-it-is-to-land-on-mars-heres-how-we-plan-to-succeed-in-2021-69734

Blue Origin: https://www.blueorigin.com

DART (Double Asteroid Redirection Test o Prueba de redirección de asteroides dobles): https://dart.jhuapl.edu/News-and-Resources/index.php

https://solarsystem.nasa.gov/missions/dart/in-depth/

Documental sobre *Opportunity*: *Good Night Oppy*, streaming en Amazon Prime Video.

Exoplanetas: https://exoplanets.nasa.gov/trappist1

https://exoplanets.nasa.gov/search-for-life/habitable-zone/

Hallazgos de *Perseverance*: https://scitechdaily.com/life-on-mars -latest-intriguing-organic-findings-by-nasas-perseverance -rover/

JPL (Jet Propulsion Laboratory): https://www.jpl.nasa.gov

Maniobra de grúa (Skycrane maneuver): https://astronomy.com /news/2021/02/skycrane-how-perseverance-will-land-on-mars

Órbitas: https://www.nasa.gov/audience/forstudents/5-8/features /nasa-knows/what-is-orbit-58.html

***Perseverance* de la NASA:** https://mars.nasa.gov/mars2020

Por qué la misión interestelar de la NASA estuvo a punto de no llevarse a cabo: https://www.nationalgeographic.com/magazine /article/explore-space-voyager-spacecraft-turns-40

Programas espaciales en América Latina: historia, operaciones actuales y cooperación financiera: https://www.airuniversity .af.edu/Portals/10/JOTA/Journals/Volume%203%20Issue%203 /04-Guzman_eng.pdf

Retorno de muestras de Marte: https://mars.nasa.gov/msr

Tragedia del transbordador *Challenger*: https://www.space
.com/18084-space-shuttle-challenger.html

***Voyager* a fondo:** https://solarsystem.nasa.gov/missions
/voyager-2/in-depth/

SOBRE EL AUTOR

ELIO MORILLO es ingeniero en sistemas espaciales y trabaja en programas lunares en Blue Origin. Fue parte de la Misión Marte 2020 del Laboratorio de Propulsión a Chorro de la NASA (JPL, por sus siglas en inglés), donde colaboró como ingeniero de pruebas y operaciones de sistema para el rover *Perseverance* y para *Ingenuity*, el helicóptero de Marte. Elio nació en Ecuador y se crio en Puerto Rico y Nueva York. Es licenciado en ingeniería mecánica por la Universidad de Michigan, donde también obtuvo una maestría en ingeniería en sistemas y diseño de sistemas. En su tiempo libre, le gusta dar charlas sobre el espacio, ser voluntario y mentor.